LA IGLESIA
RELACIONAL

La clase de iglesia que todos
podemos desarrollar

SERGIO VALERGA

e625.com

LA IGLESIA RELACIONAL
e625 - 2020
Dallas, Texas
e625 ©2020 por Sergio Valerga

Todas las citas bíblicas son de la Nueva Biblia Viva (NBV)
a menos que se indique lo contrario.

Editado por: **María Gallardo**
Diseño interior y portada: **Bárbara Soriano**

RESERVADOS TODOS LOS DERECHOS.

ISBN: 978-1-946707-37-6

IMPRESO EN ESTADOS UNIDOS

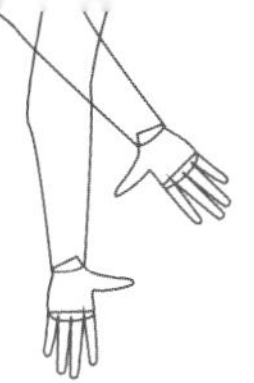

A Carina, Sergio y Alan, los amo
con todo mi **corazón**. Aprendo todos
los días de **ustedes**.

En memoria **de Margarita**. Mamá,
gracias por guiarme a Jesús; tu valentía,
generosidad y servicio a los demás
son un legado para siempre.

A **Vive Comunidad de Fe**, disfruto
ser iglesia con cada uno de ustedes.

A todos los que día a día se brindan por
amor a los demás en el cuerpo de Cristo.

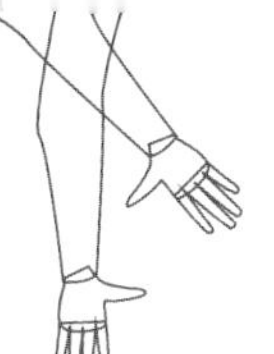

CONTENIDO

PARTE 3 / PRÁCTICAS

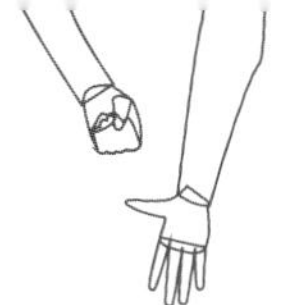

INTRO

TURISTAS EN LA TIERRA DE LA SUPERFICIALIDAD

La prisa, la preocupación y el estrés han llegado a dominar la conciencia humana en el siglo XXI. Son las consecuencias lógicas de una sociedad basada en el individualismo y en la productividad a cualquier costo.

El sociólogo polaco Zygmunt Bauman considera al turismo como una metáfora primaria de la vida moderna. Como turistas, las personas de hoy somos nómadas relacionales, inmigrantes perpetuos.

Estamos marcados por la movilidad y la impermanencia. Por la desconexión, el escepticismo, la distancia emocional, la superficialidad y por una carencia de lazos afectivos y vínculos reales con un lugar y con otras personas.

Todo esto nos lleva a un peregrinaje constante por todas partes, sin llegar nunca a ningún lado.

El ritmo de vida de alta velocidad en el que vivimos nos mantiene ocupados tratando de tener el control de muchas cosas al mismo tiempo, estresados, vanos e impacientes.

En este contexto, la iglesia sufre y muchas veces sucumbe, y es moldeada por los entornos culturales. Fuerzas como la polarización, la mercantilización, la hipermovilidad, el individualismo y la productividad a cualquier precio, con demasiada frecuencia dominan nuestras prácticas y prioridades, y al hacerlo, perdemos de vista la misión.

Pero no tiene por qué ser así. Por más que hoy nos encontremos atravesando este proceso descarnado que nos ha dejado sin raíces profundas y estemos desconectados de los demás e hiperconectados a nuestro mundo solitario a través de pantallas brillantes de diferentes tamaños. Porque la respuesta frente a todo esto es la Iglesia que Jesús soñó.

Esa es la gran solución. El cristianismo no puede entenderse como algo exclusivamente personal, conceptual, privado, sin la necesidad de ser experimentado con otros. Necesitamos una iglesia relacional, que proporcione teología e imaginación para conectar la encarnación del evangelio con una comunidad de fe. Una iglesia que incluya la pastoral generacional, el discipulado intencionado y el experimentar la vida de fe en Jesús.

Por Él somos llamados a una vida más pausada, alrededor de una mesa, y a las conversaciones que nutren y se entrelazan en relaciones más profundas. Somos llamados al interés por el otro, a la escucha, a la hospitalidad y a la justicia. Y, por sobre todo, somos llamados a ser una comunidad que ama, la Iglesia que siempre es relevante y deseada porque cuida y abraza.

PARTE 1

EL PODER DE LA ENCARNACIÓN

CAPÍTULO 1

SE MUDÓ A NUESTRO VECINDARIO

"Las formas en que Jesús ama y salva al mundo son personales: nada incorpóreo, nada abstracto, nada impersonal. Encarnacional, carne y hueso, relacional, particular y local". **Eugene Peterson**

"La Palabra se hizo carne y sangre, y se mudó al vecindario". **Juan 1:14 (trad. de la Biblia The Message)**

Hay misterios tan trascendentes, sagrados, sublimes, que son difíciles de poner en palabras, y nos mantienen permanentemente asombrados. La encarnación es uno de ellos, el más sublime de los misterios. El enigma y la maravilla de la encarnación son el medio divino para invadir el mundo con la belleza sufriente de la vida de Jesús y, por medio de esta, redimir la imagen divina en el hombre, que ha sido desdibujada por el pecado. A través de su vida y de su cruz, de su encarnación y de su resurrección, Jesús recupera nuestra humanidad para nosotros. Jesús es nuestro salvador. Jesús es el salvador de la humanidad. Jesús es el salvador del mundo.

Una idea central de la fe cristiana es la encarnación y la identificación radical de Jesús con todo lo que significa la experiencia del ser humano. Es el Dios que se encarna y se hace presente, habitando entre nosotros, y que luego nos envía a nosotros, como su cuerpo, sus manos y sus pies, a compartir las buenas noticias mientras llevamos las marcas de su pasión. ¡El cristianismo siempre ha sido y debe ser una cuestión de carne y hueso!

El apóstol Juan, en su vejez, nos recuerda cuál es la más grande de todas las maravillas: el amor.

"Amados, pongamos en práctica el amor mutuo, porque el amor es de Dios. Todo el que ama y es bondadoso da prueba de ser hijo de Dios y de conocerlo bien. El que no ama no conoce a Dios, porque Dios es amor. Dios nos demostró su amor enviando a su único Hijo a este perverso mundo para darnos vida eterna por medio de su muerte". 1 Juan 4:7-9

¡El cristianismo siempre ha sido y debe ser una cuestión de carne y hueso!

Dios es amor. El amor se encarnó y vino a vivir entre nosotros, y Él desea que disfrutemos de ese amor mientras experimentamos la vida en comunidad. El Padre está en comunión con Jesús y el Espíritu Santo, y también desea estar en comunión con nosotros. Y, en Jesús, viajó para encontrarse con nosotros. No tuvimos que subir y ser como Él. Él nos amó tanto que bajó y se hizo uno de nosotros.

C. S. Lewis se refirió a la encarnación como el milagro central de la historia. Él es conocido por haber dicho que todos los milagros antes de la encarnación apuntan hacia allí, y todos los milagros posteriores proceden de allí. "La encarnación", dijo Lewis, "no es el intento de Dios de arreglar a la humanidad entrando y saliendo tan rápido como pueda sin comprometerse, como quitándose un problema de encima. Es el plan extraordinario de Dios para crear un vínculo, una amistad entre Él y nosotros".

El modelo para la teología espiritual es la encarnación, y la teología espiritual se entiende en el contexto de la Trinidad, donde todo es relacional. No hay verdades cristianas que sean incorpóreas. Todas son experimentales, destinadas a ser vividas, practicadas y modeladas.

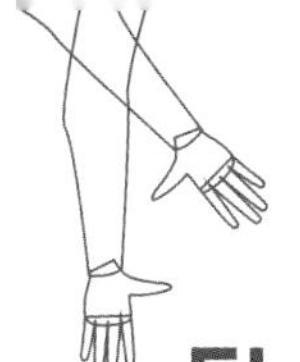

EL DILEMA DE LA INVISIBILIDAD

Nuestra tarea como pastores o líderes generacionales sería mucho más fácil si algunos de los momentos bíblicos más importantes de la historia hubieran quedado inmortalizados a través de un video 4k de alta definición que pudiéramos colgar en Youtube, o por medio de una creativa foto que pudiésemos poner en Instagram o compartir por WhatsApp, o enviando un mensaje en alguna red social.

Solemos utilizar repetitivamente la frase "Dios te ama incondicionalmente", pero nos olvidamos de un detalle esencial: ¡las personas no pueden ver al Dios del cual les estamos hablando! De hecho, ¡tampoco nosotros lo hemos visto! ¿Cómo invitamos entonces a las nuevas generaciones a seguir a alguien a quien no pueden ver, tocar, ni escuchar? ¿Cómo les ayudamos a desarrollar una fe auténtica y personal en un Dios que puede parecer distante, lejano e impredecible? ¿Cómo guiamos a los niños, adolescentes y jóvenes hacia una fe auténtica en Jesús?

¿Hay una respuesta simple para esto? No. Esa es la naturaleza de la fe, que consiste en relacionarse con un Creador amoroso, majestuoso y maravillosamente misterioso.

Cristo ha hecho visible al Dios invisible.

De hecho, si pensamos en la invisibilidad de Dios, podemos notar que esta se presenta como un obstáculo para muchas personas. La pregunta que tal vez pueda darnos algunas pistas para resolver el problema es: ¿cómo ha resuelto Dios el problema de su propia invisibilidad?

Bueno, primero, como hemos visto, Él lo ha resuelto mudándose a nuestro vecindario. Cristo ha hecho visible al Dios invisible. Esto es lo que nos recuerda el Evangelio de Juan cuando dice:

"A Dios nadie lo ha visto nunca; pero el Hijo único, que es Dios mismo y siempre está en unión con el Padre, nos ha enseñado cómo es, para que así lo podamos conocer". Juan 1:18

Es la maravillosa encarnación de Jesús de la que hemos estado hablando. Sin embargo, este fue un evento lejano que sucedió hace más de dos mil años. ¿Cómo se hace visible Dios hoy? Podemos encontrar la respuesta en la primera carta de Juan...

"Porque aunque nunca hemos visto a Dios, si nos amamos unos a otros Dios habita en nosotros, y su amor en nosotros crece cada día más". 1 Juan 4:12

El mismo Dios ahora se hace visible en la comunidad de la iglesia si nos amamos unos a otros.

Este versículo, de hecho, comienza de manera muy similar al anterior: "aunque nunca hemos visto a Dios...", y luego Juan hace una declaración trascendental: El mismo Dios invisible que una vez se hizo visible en Jesús, ahora se hace visible en la comunidad de la iglesia si nos amamos unos a otros.

Ese mismo Jesús, que hace unos dos mil años se mudó a nuestro barrio y vivió entre nosotros durante 33 años hasta su muerte, sepultura y resurrección, ahora se muda a nuestros vecindarios de ladrillo, cemento, pájaros, árboles y césped. Allí donde está la expresión amorosa de la comunidad de creyentes, allí se hace visible Dios. Y entonces toda la proclamación verbal del Evangelio cobra sentido a través de las diferentes expresiones de la Iglesia, las cuales tienen poco o casi ningún valor a menos que se expresen por medio de una comunidad de amor.

LA IGLESIA ES LA PRESENCIA REAL EN EL MUNDO DEL CRISTO ENCARNADO

Sería mucho más fácil seguir a Jesús hoy si Él estuviera físicamente presente en la tierra. Pero esa no era la idea de Dios. Jesús mismo nos explicó que su ascensión era para nuestro beneficio, para que el Espíritu Santo pudiera venir:

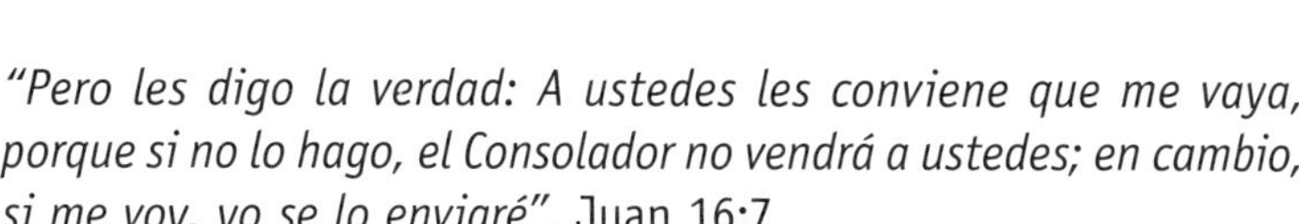

"Pero les digo la verdad: A ustedes les conviene que me vaya, porque si no lo hago, el Consolador no vendrá a ustedes; en cambio, si me voy, yo se lo enviaré". Juan 16:7

Jesús quiere que crezcamos, y por eso prefiere asociarse con nosotros para llevar a cabo su misión. Como dice C.S. Lewis, "Dios parece no querer hacer nada por Sí mismo que no pudiese delegar a sus criaturas, algo que Él pudiera hacer en un abrir y cerrar de ojos, nos encomienda que lo hagamos nosotros, aunque sabe que lo haremos lentamente, e incluso asumiendo que en el camino cometeremos errores". Jesús elige trabajar en equipo con nosotros para manifestarse Él mismo a través de nosotros. Él desea una Iglesia, un cuerpo, rendido y dispuesto a expresar su corazón y a continuar con su misión aquí en la tierra.

El cuerpo de Cristo es más que una metáfora; es un misterio. El apóstol Pablo escribió:

"Todos ustedes forman el cuerpo de Cristo, y cada uno es un miembro necesario de ese cuerpo". 1 Corintios 12:27

Dietrich Bonhoeffer, en su obra El precio de la gracia, dice que el cuerpo de Cristo es el fundamento y la certeza de nuestra fe. El cuerpo de Cristo es el don único y perfecto por el que somos hechos partícipes de la salvación. El cuerpo de Cristo es nuestra vida nueva. En el cuerpo de Jesucristo somos adoptados por Dios para la eternidad.

Ahí está la clave para entenderlo todo. El cuerpo de Jesucristo, la Iglesia, es la nueva humanidad que Él ha adoptado. El cuerpo de Cristo es su comunidad. Jesucristo es a la vez Él mismo y su Iglesia.

A partir de Pentecostés, Jesucristo ha vivido en la tierra bajo la forma de su cuerpo, la Iglesia. En ella se encuentra su cuerpo crucificado y resucitado. En ella se encuentra la humanidad que Él adoptó. Por eso, cuando nos bautizamos y nos convertimos en miembros de la Iglesia, pasamos a formar parte del cuerpo de Cristo. Y por eso, estar en Cristo significa estar en la Iglesia. Si estamos en la Iglesia, nos hallamos también, espiritual y corporalmente en Jesucristo. De esta manera, la noción de "cuerpo de Cristo" se revela en toda su plenitud.

La Iglesia es el cuerpo de Cristo, y Cristo y la Iglesia están en unión permanente. No podemos amar al novio sin amar a su novia, la Iglesia.

En la primera carta a los Corintios, Pablo nos pinta un cuadro bastante claro acerca de cómo debería verse la iglesia:

"El cuerpo humano, aunque es uno, está compuesto de muchos miembros; y esos miembros, aunque son muchos, forman un solo cuerpo. Lo mismo sucede con el cuerpo de Cristo. Hemos sido bautizados en el cuerpo de Cristo por un solo Espíritu, y todos hemos recibido el mismo Espíritu. Algunos somos judíos, otros son gentiles; algunos son esclavos y otros son libres. Pero todos formamos un solo cuerpo.

El cuerpo tiene muchos miembros, no uno solo. Si el pie dice: «No soy miembro del cuerpo porque no soy mano», ¿dejará por eso de ser miembro del cuerpo? Y si la oreja dice: «No soy miembro del cuerpo porque no soy ojo», ¿dejará por eso de pertenecer al cuerpo? Supongamos que el cuerpo entero fuera ojo, ¿cómo oiría? Y si el cuerpo entero fuera una oreja, ¿cómo podría oler? Pero Dios colocó los miembros en el cuerpo como mejor le pareció. ¡Qué extraño sería que el cuerpo tuviera un solo miembro! Pero Dios lo hizo con miembros diversos que, en conjunto, forman un cuerpo.

El ojo jamás podrá decirle a la mano: «No te necesito». Ni la cabeza puede decirle a los pies: «No los necesito». Al contrario, los miembros del cuerpo que parecen más débiles son los más necesarios. Y a los menos importantes, los tratamos con más cuidado; y con esmero tratamos a los que no deben exhibirse. Pero no hacemos lo mismo con los miembros que son más decorosos. Así que Dios armó el cuerpo de tal manera que los miembros que pudieran parecer menos importantes recibieran más honor. Esto hace que no haya divisiones en el cuerpo, sino que cada uno se ocupe de los demás. Si un miembro sufre, los demás miembros sufren con él; y si un miembro recibe algún honor, los demás se regocijan con él.

Todos ustedes forman el cuerpo de Cristo, y cada uno es un miembro necesario de ese cuerpo". 1 Corintios 12:12-27

Esto debería ser la iglesia. Un grupo de individuos y familias trabajando juntos con un propósito en común: traer gloria a Dios.

Y en ese trabajar juntos, cada uno de los que formamos parte de la comunidad de fe (pastores, líderes, padres, hijos, etc.) tenemos un rol que cumplir, pero además tenemos el deber de apoyar a otros y a sus funciones en el cuerpo, a través de la cooperación, el compañerismo y la interdependencia.

El cristianismo no relacional no solo es impráctico, sino que también es totalmente extraño al Nuevo Testamento. De hecho, a lo largo de la historia, el pueblo de Dios siempre ha expresado su fe como una comunidad en la que existe un vínculo común y una historia compartida. En el Nuevo Pacto que Jesús vino a traer, esta comunidad se llama "familia": nosotros somos la familia de Dios, y nos pertenecemos y necesitamos los unos a los otros.

Sin embargo, necesitamos algo aún más real, más tangible, para poder vincularnos con ese Dios amoroso y relacional que desea hacernos parte de su familia. Necesitamos conexiones personales; vínculos con personas que estén dispuestas a mostrar y modelar a Jesús, y a enseñarnos cómo podemos ser parte activa de la amorosa comunidad de la fe.

Necesitamos conexiones personales.

CAPÍTULO 2

LAS RELACIONES IMPORTAN, Y MUCHO

"La comunidad es fruto de nuestra capacidad de hacer que los intereses de los demás sean más importantes que los propios". Henri Nouwen

Un campo científico relativamente nuevo, llamado neurobiología interpersonal, ha hecho uno de los grandes descubrimientos de nuestra era: el cerebro se reconecta constantemente basándose en los acontecimientos y relaciones de la vida diaria. Aquello a lo que le prestamos más atención literalmente *reconfigura* nuestro cerebro. Y los cambios más dramáticos se basan en la calidad de nuestros lazos relacionales.

Un estudio de imágenes hecho por la neurocientífica de la UCLA Naomi Eisenberger muestra que, para mejor o para peor, los seres humanos somos seres sociales. Las neuronas se conectan entre sí en base a cuánto cuidado damos y recibimos de la estructura social en la que nos movemos. Incluso en los más mínimos intercambios, mientras damos y recibimos cuidado, nuestros cerebros son modificados. Las relaciones basadas en el amor que son recíprocas alteran nuestros cerebros de manera significativa. Cuando el cerebro registra relaciones comunales, extiende su noción de sí mismo para incluir a otros. En lugar del yo, emerge una autoimagen plural. El cerebro se configura hacia una nueva comprensión de nosotros mismos, hacia una nueva identidad que incluye a los demás, pasando del "yo" al "nosotros".

Dios nos ha diseñado para vivir en comunidad y para que nos necesitemos los unos a los otros.

De este modo, la ciencia no hace más que confirmar el hecho de que Dios nos ha diseñado para vivir en comunidad, y para que nos necesitemos los unos a los otros. Cuando la Iglesia abandona el discipulado basado en relaciones, está yendo en contra del diseño de Dios para nuestro cerebro.

Debido a que somos seres sociales, necesitamos encajar, vincularnos con los demás, y ganarnos el respeto y la aprobación de nuestros semejantes. Somos gregarios, y el instinto de reunirnos está integrado en nuestro ADN tanto práctica como espiritualmente. Por lo tanto, las iglesias debemos ocuparnos activamente de proveer oportunidades de conexión relacional.

SE TRATA DE PERSONAS QUE MODELEN A JESÚS

Remo y Teresa viajaban cada semana 80 km con su VW1500 desde Venado Tuerto hasta Wheelwright, en el sur de la provincia de Santa Fe, Argentina, para compartir una reunión en casa de Walter y Judith. La entrada, el living y la cocina se llenaban con las aproximadamente cincuenta personas que se reunían en cada encuentro. Yo tenía unos 10 años de edad y asistía con mi hermana y mi mamá. Antes de comenzar, compartíamos un vaso de jugo de naranja y algo dulce para comer. Cierto día, Teresa me pidió que me preparara para hacer la oración por los alimentos la semana siguiente. Toda la semana me la pasé memorizando una oración. Cuando llegó el momento, me puse de pie frente al grupo de personas que estaban allí y... se me puso la mente en blanco. Intenté balbucear algunas palabras, pero no fue nada parecido a lo que yo había practicado. Una vez terminado el momento de vergüenza, sucedió algo inesperado. Teresa se me acercó, me felicitó, y me dijo: *"¡Lo hiciste tan bien que quisiera que te prepares nuevamente para hacerlo la semana que viene!"*. Al verla con tanto entusiasmo y cariño invitándome a repetir

mi papel a la semana siguiente, lo primero que pensé fue que a lo mejor estaba sorda y no había escuchado bien. Sin embargo, luego comprendí que ella había modelado gracia, y que estaba más interesada en mí como persona que en mi perfomance. ¡Todos necesitamos que alguien nos vea como Jesús nos ve! Un par de años después, fue ella misma quien me desafió a enseñar en ese grupo, y así comencé a descubrir mi llamado siendo aún un adolescente.

A veces olvidamos que el Dios de la Biblia es el Dios *de las personas* de la Biblia. Al igual que las personas en la antigüedad desarrollaron su visión de Dios como "el Dios de Abraham", "el Dios de Isaac", o "el Dios de Moisés", así nosotros hoy también

¡Todos necesitamos que alguien nos vea como Jesús nos ve!

desarrollamos una visión cristiana de la vida porque hemos sido afectados por el ejemplo del Dios de Teresa, Héctor, Carlos, Rubén, Omar... Dios, a lo largo de la historia, ha usado a personas y familias imperfectas para mostrar su obra perfecta de amor, redención y restauración a través de ellas.

Entonces, ¿cuál es el punto de todo esto? El punto es advertir el peligro de que, como creyentes, nos quedemos encerrados en nuestros sermones, reglamentos, doctrinas, disciplinas espirituales y programas de la iglesia, y que nos olvidemos de que el carácter de Dios se reveló a una cultura antigua a través de *una persona real*. Evidentemente, Dios vio la necesidad de mostrarles quién era Él a personas que no podían verlo, enviando a alguien a quien pudieran ver.

La gente no puede ver a Dios. Ellos no pueden ver a Jesús, y no pueden ver al Espíritu Santo. Pero pueden ver a las personas que siguen a Jesús y viven para Él. ¡Pueden ver a la Iglesia!

Por ejemplo, los más chicos necesitan crecer sabiendo que fueron hechos a la imagen de Dios y que son amados por Jesús para poder amar a otros. Pero ellos no serán capaces de comprenderlo plenamente a menos que algunos adultos les muestren lo que es ir más allá de las relaciones superficiales.

La Iglesia ha sido y sigue siendo la más extraordinaria estrategia y la idea más brillante del cielo para que las personas puedan descubrir y conocer a Jesús. Y en este plan, lo que hacemos desde nuestro lugar de pastor, líder, padre, madre, joven, o lo que cada uno sea, es esencial. La misión es simple, pero al mismo tiempo complicada: cada uno de nosotros debemos modelar a ese Jesús que los demás necesitan ver.

EL PRINCIPAL ACTIVO

Si la Iglesia no funciona con las conexiones relacionales como su prioridad, corre el riesgo de volverse totalmente irrelevante. Dios diseñó tu fe para ser moldeada e influenciada por la fe de otras personas. Y Dios te diseñó a ti para amar a las personas de tal manera que ellos puedan verlo haciendo Su obra en ti.

Independientemente del estilo o del tamaño de tu iglesia local o de la mía, el mayor activo con el que contamos para edificar la fe de las próximas generaciones no son los estudios bíblicos, las bandas de adoración, las instalaciones a las que les dedicamos tanto tiempo y dinero, ni el presupuesto mensual que se le asigne a cada actividad. Los activos más valiosos con los que contamos para ayudar a que las personas puedan ver a Jesús, ¡son las personas en nuestras iglesias que ya conocen a Jesús!

Si verdaderamente queremos ayudar a esta generación de niños, adolescentes y jóvenes a enamorarse de Jesús, entonces debemos ser estratégicos para conectarlos con pastores, padres, facilitadores, mentores, y con toda una familia de la fe que ame a Jesús y los ame a ellos.

Cuando alguien se siente invisible, se siente inútil. Cuando alguien se siente reconocido, se siente valioso. Nadie necesita que todos lo vean, pero todos necesitan que alguien los vea.

Muchos jóvenes abandonan la iglesia y la fe porque no han tenido la oportunidad de encontrarse y conectarse con adultos que sean un modelo en Jesús para ellos. Y para creer en un Dios bueno y compasivo que los ama a pesar de sus errores, los niños, adolescentes

y jóvenes necesitan adultos que sean para ellos modelos de gracia, compasión y amor incondicional.

Si lo que deseamos es que las nuevas generaciones tengan una experiencia transformadora con el Señor, quizás una de las cosas más importantes que podamos hacer es conectarlas con alguien que tenga una relación probada con el Señor, con frutos evidentes, y que esté dispuesto a compartir su vida, sus historias y experiencias, pasando tiempo y viviendo su vida junto a ellos.

La iglesia debe ser el centro distribuidor de esa clase de conexiones. Amamos a Dios, y amamos a las personas mostrándoles a Jesús a través de nuestras propias vidas.

MODELOS DE FE

Esta generación está creciendo dentro de una iglesia local que en muchos casos tiene expresiones similares al mundo corporativo. Sus líderes a menudo actúan como gerentes, emprendedores o celebridades, en lugar de funcionar como padres y pastores. De esta manera, las nuevas generaciones tienen grandes dificultades para encontrar apoyo en relaciones significativas, no solo fuera, sino también dentro de la iglesia. Ellos necesitan a personas reales que les manifiesten un interés real, y perciben con claridad cuando solo estamos comprometidos con hacerlos participar de nuestras actividades y programas que comprometidos con ellos como individuos. En muchos casos, esta es la razón de su aparente letargo espiritual y falta de crecimiento. Nos ven con agendas interesadas. Están convencidos de que pocos realmente se preocupan por lo que sienten o necesitan, y creen que nuestro interés en ellos no es por ellos, sino por nosotros mismos.

La Iglesia a lo largo de la historia ha sido una comunidad de contraste, y hoy, en un mundo que los ha abandonado, la iglesia debe ser para las nuevas generaciones la promesa de ese hogar en el que puedan sentirse parte de una familia, la familia de Dios. Un oasis en el cual poder saciar la sed de intimidad que alberga todo ser humano. Un lugar que sea parte de la solución a las ausencias

La iglesia debe ser para las nuevas generaciones la promesa de ese hogar en el que puedan sentirse parte de una familia, la familia de Dios.

relacionales en las que la mayoría de los niños, adolescentes y jóvenes se encuentran sumergidos.

Cuando las personas se acercan a la iglesia, a menudo lo hacen buscando un grupo al cual pertenecer, un espacio donde poder establecer lazos profundos y encontrar contención. Cuando todos los miembros de la iglesia trabajan en conjunto para ofrecerles lo que ellos están buscando, entonces encuentran allí lo que nadie más les puede ofrecer.

Muchos han asistido de pequeños a la iglesia con sus padres, y al llegar a la etapa de la adolescencia se replantean profundamente su fe. En ese momento, si no encuentran en la iglesia un grupo de pares con los cuales identificarse, una comunidad que los acepte, contenga y acompañe en este proceso, y líderes que los amen incondicionalmente, es probable que opten por alejarse. Por el contrario, cuando las personas mayores los aman genuinamente y son para ellos un modelo de maneras profundas de seguir a Jesús, los jóvenes lo notan, incluso cuando estos no sean sus propios padres.

¡Experimentar a Jesús solo es posible a medida que desarrollamos un vínculo relacional con otras personas que aman y experimentan a Jesús!

Como individuos, somos el resultado de una construcción colectiva. Necesitamos del aporte continuo de otros a nuestras vidas. Sin embargo, las relaciones genuinas, profundas e intencionales se han vuelto una necesidad imperiosa y un bien escaso en nuestros días. Por eso los adultos de hoy tenemos una gran responsabilidad, y necesitamos tener una estrategia. El presente y el futuro de la Iglesia están en juego, ya que los adolescentes necesitan compromiso, dedicación, relaciones paternales, y un mentoreo intencional que sea el reflejo del amor y del interés genuino de Dios por ellos. Nosotros, los adultos, somos los que debemos responder a ese llamado.

Reggie Joiner, en el libro *When Relationships Matter* (Cuando las relaciones importan), explica que para moldear la fe de los más chicos necesitamos más que solamente enseñarles doctrina (ya que, independientemente de las verdades que les inculquemos, alguien más podrá hacerlos dudar o convencerlos de lo contrario); más que solamente persuadirlos a tener estándares de comportamiento muy elevados (los que muchas veces los llevan a darse por vencidos y alejarse de la fe cuando sienten que no pueden mantenerse a la altura de esos estándares) y más que únicamente hacer que participen de las actividades de la iglesia (ya que el solo hecho de que sean parte de los programas de la iglesia no garantiza que se estén afirmando ni creciendo en su fe). Nutrimos la fe de los más chicos al conectarlos con adultos maduros, confiables, de una fe probada, bien plantados en su iglesia local, y que se interesen genuinamente por ellos estando intencionalmente presentes en sus vidas.

¿Acaso al decir esto estoy afirmando que la teología, el estilo de vida, y la asistencia a la iglesia no importan? ¡De ningún modo! Pero estoy convencido de que cualquiera de esas cosas, sin el cuidado personal y una red de relaciones consistentes, tendrá un impacto totalmente limitado.

Cada uno de los adultos que amamos y servimos al Señor, somos el resultado de la inversión que una o varias personas adultas hicieron en nosotros cuando estábamos creciendo. En la historia de fe de cada uno de nosotros, siempre hay personas adultas que estuvieron presentes y fueron catalizadores de nuestro crecimiento espiritual. Lo que creemos y hacemos como cristianos hoy, se debe en gran medida a la forma en que esas personas influyeron en nuestra fe.

Sería genial que ahora mismo te tomaras un minuto para recordar y escribir los nombres de aquellos que te acompañaron a lo largo de tu crecimiento y fueron vitales para el desarrollo de tu fe. Intenta distinguir de qué manera te ayudó cada uno. Luego, tómate el compromiso de hacer lo mismo con alguien más:

Porque _____*(tal persona)*_____ **hizo** _____*(tal cosa)*_____ **por mí, yo estoy aquí. Por eso, yo voy a invertir haciendo**
_____*(tal cosa)*_____ **por** _____*(otros niños/adolescentes/jóvenes)*_____ .

Construyamos el futuro mientras honramos a las generaciones que nos precedieron, abriendo brechas y caminos donde no había nada. Avancemos hacia lo que está adelante, siendo ejemplos y modelos para aquellos que nos observan, mientras preparamos el camino para que las generaciones que vienen detrás puedan llegar aún más lejos que nosotros.

CAPÍTULO 3

LOS HIJOS DE LA COMUNIDAD

"Se necesita una aldea entera para criar a un niño".
Proverbio africano

El pueblo de Israel, según lo describe Deuteronomio 6, se concebía a sí mismo como una gran comunidad. Por lo tanto, los hijos de cada familia eran los hijos de la comunidad. Esto encierra una poderosa verdad teológica: los hijos de la comunidad son los hijos de todos. Mis hijos son tus hijos. Mis hijos te necesitan. Necesito que me ayudes a criar a mis hijos para que sean todo lo que Dios planeó para ellos.

La preciosa película *La Vida es Bella*, de Roberto Benigni, nos muestra la dramática experiencia dentro de un campo de concentración nazi en el que un prisionero hace lo imposible para que su hijo, que está cautivo junto con él, no perciba los horrores que lo rodean y de los que están siendo víctimas. La protección de la pureza infantil es absoluta, así como lo es el sacrificio de su padre, quien deja de lado pequeñas porciones de bienestar personal en medio de ese infierno, a favor del bienestar de su hijo. Él aumenta sus pesares, para aliviar los de su hijo. ¡Qué hermoso ejemplo!

En nuestra cultura familiar, el sacrificio de los padres era la columna sobre la cual se construía una familia, y el agradecimiento y el reconocimiento, si bien en muchos casos tardío, llegaban siempre de parte de los hijos.

Sin embargo, los adultos de hoy poco a poco parecen despojarse de este rol basado en responsabilidades y sacrificios, y cada vez se acercan más al rol de "pares" de sus hijos. Son equivalentes, uno más, como si fueran sus compañeros. Los adultos contemporáneos se muestran despreocupados e irresponsables frente a sus hijos, en lugar de ser ejemplos o modelos para ellos. Ya casi nadie parece sentirse orgulloso, como ocurría antes, por las privaciones o postergaciones que habían decidido sufrir en pos de criar a un menor. Y aunque el sacrificio no ha desaparecido completamente, ya que sigue siendo una realidad en muchas familias de escasos recursos o que viven situaciones complejas, sí se observa un retiro paulatino de sus responsabilidades por parte de muchos adultos. A veces, incluso pareciera como que los más chicos están en el camino, interrumpiendo la vida que los adultos desearían vivir.

Así es. El mundo actual está lleno de adultos que parecen no preocuparse lo suficiente como para hacer espacio en su propia agenda para cuidar a las generaciones más jóvenes.

ADULTOS AUSENTES

El cambio ha sido paulatino. Los adultos han estado cada vez menos presentes a lo largo de los años. Como resultado, cada generación se siente un poco más sola, un poco más angustiada, un poco más incompleta. Los adolescentes y jóvenes se sienten también con derecho a estar centrados en sí mismos, habiendo dejado de ser una prioridad para los adultos. Estamos experimentando lo que Robert Putnam, sociólogo de Harvard, describe como "una pérdida exponencial de capital social" en lo que se refiere a "las conexiones entre individuos, que ofrecen una red de contención social y cuidado".

Esta realidad en crecimiento vertiginoso, a la que también se ha dado el nombre de "abandono sistemático", se debe principalmente a la ausencia de compromiso por parte de los adultos para *consistentemente* proteger, nutrir y guiar a los más pequeños en su camino hacia la madurez. Los niños de hoy en día están creciendo sin modelos reales que compartan la vida con ellos, sin personas que se sienten en la acera con ellos después de un juego. Los adolescentes y jóvenes están creciendo sin adultos que se acerquen a ellos de una manera que les permita abrirse y compartir sus preocupaciones o sus sueños. Perseguimos a nuestros hijos para tomarles

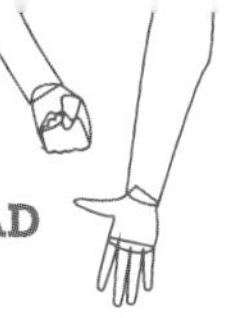

fotografías y videos para poner en las redes, sin ver que lo que realmente necesitan es que les dediquemos más tiempo. ¡El mundo actual necesita desesperadamente de adultos que abracen este rol como su más grande responsabilidad y como el legado que desean dejar a los que vienen después de ellos!

Antes, los adultos solían creer que todos los niños eran sus hijos, y se veían a sí mismos como facilitadores para que todos los niños llegaran a convertirse en adultos de bien. Solían "estar allí" para ellos, invirtiendo en sus vidas sin esperar nada a cambio, porque consideraban a los niños como algo sumamente valioso, no como una carga o un problema. En otras palabras, ¡creían que los niños valían la pena de su esfuerzo!

Hoy en día, nuestras comunidades e iglesias están repletas de hijos de una de las mayores pandemias de nuestro siglo: niños y niñas que crecen sin la figura paterna en el hogar, o que vienen de familias ensambladas o reconstituidas, o que han sido criados solamente por una mamá o abuela valiente. Muchos llaman a esta generación "la generación sin padres" debido a la ausencia de adultos en la vida de los niños y adolescentes.

> **Los adultos hemos estado menos presentes a lo largo de los años y como resultado, cada nueva generación se siente un poco más sola, angustiada e incompleta.**

Las estadísticas son alarmantes: en algunos países hispanoamericanos, hasta un 40% de los niños crecen en hogares con padres ausentes, y sin una red de contención social. Vemos también adolescentes y jóvenes con mucho dolor, tratando de descubrir cómo sobrevivir en una cultura que va tan rápido y que se muestra tan llena de superficialidad. Ellos tienen una gran necesidad de sentirse amados y valorados. Necesitan padres, abuelos, maestros, pastores, entrenadores, líderes... adultos que los acompañen, los escuchen, con quienes puedan abrirse y ser tomados en serio, que comprendan su dolor y los protejan. ¡Están desesperados por conexiones relacionales verdaderamente significativas!

Lamentablemente, a medida que la sociedad moderna se vuelve más complicada, y ante la carencia de una narrativa familiar cercana y humana, muchos se van quedando solos... como islas naufragando en un mar inmenso de descuido.

CAPÍTULO 4

ADOPTADOS POR LA FAMILIA DE LA FE

"Cuando una congregación local ofrece amor incondicional, libertad espiritual y refugio emocional a las nuevas generaciones, sencillamente no tiene competencia". Lucas Leys

"Y ahora que estoy viejo y canoso, no me abandones, oh Dios. Déjame contarle a esta nueva generación, y a los que vienen después de mí, de todos tus poderosos milagros". Salmos 71:18

¡Soñemos juntos con iglesias repletas de padres, padres espirituales, padres del corazón y mentores! Cuando la comunidad de fe provee a los más jóvenes de un lugar al que sienten que pertenecen, de un espacio relevante en el que pueden contribuir con sus dones para hacer una diferencia en el mundo, y de una familia que los ama incondicionalmente, ¡es entonces cuando el pueblo de Dios ofrece una respuesta a la más profunda necesidad que las nuevas generaciones experimentan en nuestra época!

En este sentido, podemos tomar la palabra "adopción" como una base para razonar y describir nuestra estrategia como iglesia hacia ellos. Pablo utiliza este término en cinco de sus cartas, recordándonos qué aquellos que son seguidores de Cristo han sido adoptados y ahora pueden llamar a Dios, no solo Padre, sino *"Abba"*, una palabra más parecida a "Papá" o "Papito", que refleja la cálida intimidad de un amor filial. Observa estos pasajes de las Escrituras:

"Dios envió a su Hijo, nacido de una mujer, nacido bajo la ley, para rescatar a los que estaban bajo la ley, a fin de que fuéramos adoptados como hijos. Ustedes ya son hijos. Dios ha enviado a nuestros corazones el Espíritu de su Hijo, que clama: «¡Abba! ¡Padre!». *Así que ya no eres esclavo, sino hijo; y, como eres hijo, Dios te ha hecho también heredero"*. Gálatas 4:4-7 (NVI)

"A quienes Dios conoció de antemano, los destinó desde un principio para que sean como su Hijo, para que él sea el mayor entre muchos hermanos". Romanos 8:29

El uso del lenguaje familiar de las Escrituras nivela el campo de juego en un mundo jerárquico, reinventa el valor de los jóvenes, los desconectados y los vulnerables, y une al pueblo de Dios como hermanos en un mundo de aislamiento radical y atomización generacional.

Si reconocemos que en Cristo todos hemos sido adoptados por Dios, en verdad esto cambia completamente la ecuación: ¡ahora somos hermanos espirituales!

La iglesia es la nueva familia de Dios. A través del nuevo nacimiento espiritual, somos adoptados en esta nueva familia. Para describir esta profunda verdad Pablo utiliza la analogía de la adopción romana, cuando se sacaba un niño de un estatus anterior y se le colocaba en una relación nueva y permanente con un nuevo padre. En ese momento se cancelaban las viejas deudas, y se le daba al niño estabilidad absoluta, seguridad, certidumbre y autoridad en su nueva condición de hijo.

El factor determinante de nuestra nueva identidad no es el vínculo de sangre con una familia biológica, sino nuestro vínculo con el Padre a través de la sangre de Jesús. Se nos da un nuevo nombre (cristianos), una nueva herencia (libertad, esperanza, recursos abundantes) y un nuevo poder (el Espíritu Santo) para vivir esta nueva vida. Ahora experimentamos una nueva dinámica. Somos capaces de disfrutar de absoluta seguridad, familiaridad y confianza con el Padre, ¡y la iglesia se convierte de una forma real en nuestra nueva familia!

La comunidad de fe, como comunidad adoptiva, debe estar en un proceso permanente, intencional y estratégico, de crear ese tipo de ambiente familiar en donde los más jóvenes se sientan valorados e incluidos, y en donde los adultos los reciban y potencien. Los adultos de la iglesia son los hermanos mayores de los más jóvenes, sin importar la edad, la raza, el color de piel, ni el nivel socioeconómico o educativo. Todos nos vemos entre nosotros como hermanos, y esto le da el fundamento a todo lo que pensamos, hacemos y planeamos, fortaleciendo así los vínculos relacionales familiares.

El evangelio es el gran nivelador. Todos estábamos perdidos, todos éramos huérfanos, y todos éramos incapaces de rescatarnos a nosotros mismos. Todos hemos necesitado la misericordia salvadora de Dios para traernos de vuelta a casa como sus hijos. ¡Debemos animar a cada miembro de la familia de la fe a vivir su propia historia de adopción junto a los demás hermanos adoptados! Debemos fomentar en nuestras iglesias un ambiente de comunidad adoptiva en donde los más jóvenes sean animados a vivir el llamado en Cristo como agentes del reino, al ser incluidos estratégica, estructural y proactivamente como miembros vitales de la familia de Dios.

> **El evangelio es el gran nivelador. Todos estábamos perdidos, todos éramos huérfanos, y todos éramos incapaces de rescatarnos a nosotros mismos.**

Una iglesia adoptiva ayuda a los más jóvenes a navegar a través de las complejidades de la vida y de la fe, camino a la madurez. Ellos encuentran allí espacio y tiempo para explorar el evangelio, mientras son guiados por los adultos a conectarse con toda la familia de la iglesia. Nuestro rol como adultos es ayudarlos a vivir esa fe como participantes y contribuyentes de esta comunidad.

Nuestras iglesias cumplen un rol fundamental en la sociedad, especialmente porque muchos de los chicos vienen no solo de familias nucleares o tradicionales, sino también de familias monoparentales, familias reorganizadas, familias reconstruidas, uniones casuales, monogamias temporales, uniones de hecho, etc. En este contexto, la familia de la iglesia suple con atención, cuidado y acompañamiento una de las más grandes necesidades de nuestro tiempo. La iglesia relacional es más que una comunidad superficial. Se trata de que la iglesia *sea como una familia*. Esta metáfora de la iglesia como familia refleja hospitalidad, brazos abiertos dando la bienvenida y aceptación incondicional.

Desde el liderazgo y la pastoral, debemos promover la utilización de un nuevo lenguaje, con términos que hagan referencia a esto y pasen a formar parte del léxico de nuestras comunidades de fe. Debemos incluir en nuestro hablar cotidiano frases que reflejen lo que el evangelio realmente enseña: "Somos uno en Jesús", "Todos somos hermanos", "El Evangelio nos obliga a la unidad", "Todos pertenecemos a la familia de la fe", "Estamos juntos en esto", "Somos Familia", "Juntos somos mejores" y otras expresiones similares.

FAMILIA DE FAMILIAS

"La iglesia del primer siglo fue llamada a abandonar sus lealtades familiares terrenales y unirse entre sí como la nueva familia de Dios. El impacto revolucionario de la iglesia primitiva fue amarse mutuamente como Cristo les había mandado. La necesidad de la iglesia en el siglo XXI es responder como ellos respondieron. Somos la iglesia y somos la familia. Ese debe ser nuestro enfoque". Dennis Guernsey

La familia de la fe puede ayudar a superar las deficiencias y carencias que muchos niños, adolescentes y jóvenes sufren en sus propios hogares.

La clave para que los más chicos crezcan hasta ser maduros en Cristo es el compromiso y la responsabilidad que asume hacia ellos la familia extendida de la iglesia. La familia de la fe puede ayudar a superar las deficiencias y carencias que muchos niños, adolescentes y jóvenes

sufren en sus propios hogares, particularmente en hogares no tradicionales.

Además, la práctica cristiana de la hospitalidad siempre incluye darle la bienvenida al extraño. De esta manera, se les permite a los nuevos creyentes ingresar a un lugar seguro, personal y amigable, un lugar donde serán tratados con respeto y de manera amistosa. En una familia, los más fuertes ayudan a los más débiles. Los mayores, a los más chicos. Y cuando un hermano está sufriendo, los demás están allí presentes para acompañar. Los más maduros en la familia de la fe, independientemente de su edad, deben estar capacitados y equipados para pensar como hermanos mayores que también estén a cargo del ministerio de nutrir y equipar a otros. No depende del extraño el buscar su inclusión entre los más maduros; esta es una falacia común perpetuada en la iglesia. Por el contrario, los hermanos mayores tienen la responsabilidad de recibir, guiar y servir a los hermanos menores. Esto involucra escuchar atentamente al que lo necesita, y también compartir la propia vida y las historias personales con los más nuevos en la fe. Requiere de un corazón abierto, dispuesto a abrirse a los demás, y a ser generoso en tiempo y recursos.

UNA FAMILIA QUE ACOMPAÑA Y CUIDA

Chap Clark, en su libro *Adoptive Church* (La iglesia adoptiva), utiliza la palabra "nutrir". Esta es una interesante diferencia con la palabra que más utilizamos nosotros en la jerga evangélica hispanoamericana, que es "impartir". Y es cierto: los más chicos en la familia de la fe necesitan de hombres y mujeres que de manera amable y orgánica estén cerca para cuidarlos y acompañarlos, más que para impartir algo sobre ellos.

"Como somos apóstoles de Cristo, hubiéramos podido ser exigentes con ustedes; sin embargo, los tratamos con ternura, como una madre que alimenta y cuida a sus hijos. Es tan grande el cariño que les tenemos, que no sólo les habríamos anunciado el evangelio, sino también les habríamos dado nuestras propias vidas.

(...) Ustedes saben también que a cada uno de ustedes lo hemos tratado como un padre trata a sus hijos. Los hemos animado y consolado y hemos insistido en que vivan como lo hacen los que son de Dios, que es el que los llama a compartir su reino y su gloria". 1 Tesalonicenses 2:7-8 y 11-12

El concepto de "nutrir" proviene del latín *nutrire*, que significa "alimentar" o "amamantar". Es decir, proporcionarle a un organismo las sustancias que necesita para su funcionamiento y crecimiento. Nutrir significa cuidar y proteger a alguien mientras crece. Pablo nos muestra en este pasaje que el ministerio debería tratarse de eso: cuidar amorosamente y nutrir con ternura, tal como lo hace una mamá que amamanta a su hijo pequeño.

¡Los adolescentes y jóvenes tienen la imperiosa necesidad de contar con personas maduras en sus vidas, que los nutran, acompañen, y ofrezcan aliento, consuelo y apoyo! Para poder hacer esto, necesitamos generar un ambiente de familiaridad, y espacios en donde los jóvenes se sientan como en casa. Debemos tratarlos con gentileza, siendo cariñosos y amables con ellos, mientras compartimos el evangelio de las buenas nuevas de nuestra adopción en la familia de Dios a través de su misericordia y gracia. También el compartir con ellos nuestras experiencias de vida les pondrá frente a un espejo en el cual mirarse, y los ayudará a proyectarse hacia el futuro.

¡Por todo esto y mucho más, necesitamos transformar nuestra comunidad eclesiástica en una familia adoptiva! Debemos generar confianza y calidez, para poder crecer juntos a medida que abrazamos y practicamos el Evangelio. Hacer esto es estratégico para llegar a ser una iglesia relacional. Demandará trabajo, esfuerzo e intencionalidad, al igual que sucede con las familias que funcionan bien, que no son producto de la casualidad. ¡Pero de seguro valdrá la pena!

UNA FAMILIA QUE SANA

"Dios, no obstante, nos demostró su amor al enviar a Cristo a morir por nosotros, aun cuando éramos pecadores". Romanos 5.8

Aun cuando éramos pecadores, Jesús murió por nosotros, y esta es una muestra del amor de Dios. Cuando los jóvenes que no se sienten amados sino más bien indignos se encuentran con el Evangelio, son invitados a una relación que se distingue por un amor absoluto e incondicional.

"Somos creación de Dios, creados en Cristo Jesús para hacer las buenas obras que Dios de antemano ya había planeado". Efesios 2.10

Cuando los jóvenes que se consideran a sí mismos débiles, incapaces y sin valor, descubren que Dios tiene una mirada completamente diferente a la de ellos, y que tiene planes y propósitos específicos para sus vidas, cambian radicalmente la mirada que tienen de sí mismos y de su futuro.

Cuando los más jóvenes se ven a sí mismos como marginados, rechazados o no deseados, debemos invitarlos a formar parte de una comunidad donde se sientan bienvenidos y aceptados. En algunos casos, incluso antes de que crean en el Evangelio, esta comunidad les proveerá un sentido de pertenencia que no encontrarán en ningún otro lugar.

> **¡La verdad de Cristo fue planeada para ser descubierta como una perla incrustada dentro del caparazón de la ostra de las relaciones!**

MODELAR LA FE EN AMOR

Uno de los versículos bíblicos que más me ha guiado en el discipulado es Gálatas 5:6. Allí encontramos una frase increíble, que seguramente habrá resultado muy ofensiva para los cristianos judíos de ese entonces: *"Estando unidos a Cristo Jesús no cuenta nada si estamos circuncidados o no".* Recordemos que, aunque las disciplinas espirituales son vitales, no son ellas en sí mismas las que nos sanan. ¡La fe en Cristo lo hace! La fe, traducida como confianza. Las disciplinas lo que hacen es preparar nuestros corazones. Nos acercan, para poder recibir entonces el toque sanador del Maestro.

Pero si no son las disciplinas ni tampoco las reglas, ¿qué es entonces lo que realmente importa? En la segunda mitad de Gálatas 5:6 encontramos la respuesta, ¡y debo decir que me encanta! Reflexionemos juntos. Pablo viene diciendo que prestemos atención, ya que esto es lo único que importa. Y luego dice: *"Nos basta la fe que actúa a través del amor"*. Esa palabra, fe, significa que toda mi vida esté centrada en la persona, el trabajo, la revelación, el señorío, y el reinado de Jesucristo. Entonces, ¡lo único que cuenta es mi fe, mi confianza en Cristo, expresándose a través del amor!

Así, las relaciones basadas en el amor, en el ámbito de la familia de la fe, son el laboratorio experimental en donde los más jóvenes exploran, descubren y aprenden la verdad de Cristo. ¡La verdad de Cristo fue planeada para ser descubierta como una perla incrustada dentro del caparazón de la ostra de las relaciones!

Al buscar ser este tipo de iglesia, es bueno que tengamos presente la siguiente lista de siete cosas que todo niño, adolescente y joven anhela:

- Ser querido (que otra persona encuentre alegría en su presencia).

- Ser necesitado (que otra persona lo considere esencial para su vida).

- Ser apreciado (recibir el reconocimiento de otra persona que afirme su propósito).

- Ser considerado (que otra persona se preocupe por su bienestar).

- Ser incluido (que otra persona desee tenerle con ella).

- Ser animado (que otra persona lo inspire y lo desafíe a ser más).

- Ser respetado (que otra persona valore sus contribuciones y lo admire sinceramente).

Desarrollemos una cultura dentro de la iglesia en donde todos estén conscientes de la importancia de alcanzar a las nuevas generaciones, abrazarlas y cuidarlas.

Hace un tiempo, conversando con un pastor veterano acerca de la importancia del rejuvenecimiento de la iglesia, surgió su inquietud acerca del rol de los adultos en la iglesia que viene, pensando que ya no tendrían mucho que hacer allí. ¡Nada más lejos de la realidad! ¡Hoy más que nunca necesitamos a todos los adultos de la iglesia! Necesitamos una iglesia repleta de padres y madres espirituales, padres y madres del corazón, abuelos adoptivos, adultos que sean mentores, hombres que sean buenas figuras paternas y mujeres que sean buenas figuras maternas, para poder suplir lo que a muchos les falta en sus hogares.

> **Es imposible edificar una iglesia enfocada en las nuevas generaciones sin la participación intencional y prioritaria de adultos maduros, confiables y firmes en la fe.**

Es imposible edificar una iglesia enfocada en las nuevas generaciones sin la participación intencional y prioritaria de adultos maduros, confiables y firmes en la fe, que acompañen, ayuden y mentoreen a los más chicos. Para que los más jóvenes se sientan invitados y bienvenidos a participar en la comunidad de fe, necesitamos asegurarnos de entrenar y capacitar a los adultos de nuestras comunidades para que se esfuercen en integrarlos, hacerlos parte, valorarlos y equiparlos para potenciar sus dones y llamados para la misión. Todos nuestros esfuerzos en cada arena ministerial por edades deben estar enfocados en que los adultos consideren la "adopción" como una meta ministerial. ¡Esa es la clase de iglesia que debemos ser!

CAPÍTULO 5

CÓMO AYUDAMOS A LOS PADRES DESDE LA IGLESIA

"En cada encuesta los padres aparecen como los campeones indiscutibles e imbatibles del impacto espiritual en la vida de sus hijos. Nadie, por más mega espectacular que sea su ministerio, puede hacer mayor diferencia en el crecimiento espiritual de los hijos que sus propios padres. Aun así, es como si la iglesia hubiera renunciado a los padres como líderes espirituales para sus jóvenes. Creamos programas y ministerios diseñados para eliminar, no para animar, a los padres como líderes espirituales. Hemos estado comunicando que la iglesia, no el hogar, es el mejor lugar para que los jóvenes sean animados y supervisados en su caminar con Dios y esto debe cambiar". Rick Lawrence

El servicio a los padres y a la familia no debe ser tan solo un programa de la iglesia relacional, ¡sino que debe ser nuestro principal enfoque! Necesitamos cambiar el chip y hacer que el principio bíblico de ayudar a las familias a triunfar sea nuestro ministerio prioritario.

A lo largo de toda la historia, Dios ha deseado que el núcleo familiar sea el principal medio para el discipulado de los hijos. El hogar, y no la iglesia, debe ser la principal fuente de formación de la identidad espiritual de los más chicos. Lamentablemente, hoy muchas familias carecen de las herramientas necesarias para criar

El servicio a los padres y a la familia no debe ser tan solo un programa de la iglesia ¡sino que debe ser nuestro principal enfoque!

a los niños en el legado de la fe. ¡Debemos equipar a la familia para la tarea que Dios le ha encomendado!

Jugar en el mismo equipo con los padres para actuar como los mejores socios en la formación espiritual de sus propios hijos es uno de nuestros grandes desafíos. Cuando la iglesia y la familia trabajan en equipo, se multiplica la influencia sobre las nuevas generaciones.

Una iglesia que equipa a los padres y potencia a las familias es siempre relevante en su comunidad. Y es que la Iglesia está en una posición única de ofrecerle a la familia esperanza y dirección. Los padres, por su parte, agradecerán que haya otras personas, además de ellos mismos, que piensen en sus familias.

Hoy los padres se sienten más solos y desanimados que nunca. La cultura avanza a un ritmo frenético, y ellos están corriendo tan rápido como pueden, simplemente para poder mantener sus trabajos, su matrimonio, sus horarios, e incluso su propia salud. A pesar de que se les culpa de no preocuparse mucho por sus hijos, la mayoría de los padres de hoy sufren en secreto, y se preguntan "¿Le importo a alguien?" ¡Podemos y debemos hacer todo lo posible para cuidar y fortalecer la frágil institución familiar!

Debemos construir puentes comunicacionales y relacionales que nos permitan funcionar como una iglesia integrada que cuida a la familia. Las iglesias necesitan líderes que se enfoquen no solo en los niños, adolescentes y jóvenes, sino en la familia en su conjunto. Y los padres necesitan iglesias que los ayuden a transformarse en los mejores pastores de sus hijos.

Para esto, es esencial un acercamiento lleno de gracia y amor incondicional hacia los padres, que llegan heridos y con carencias. Familias fragmentadas, mamás solas, padrastros, y padres y madres divorciados son la nueva realidad en la mayoría de las iglesias de

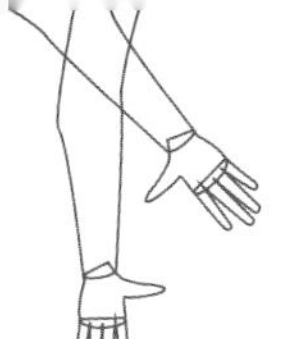
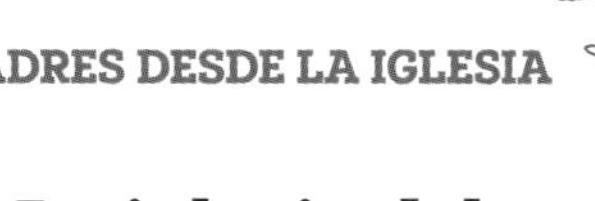

hoy. El mayor ministerio de la iglesia hacia ellos es el de proveerles de una atmósfera espiritual que se parezca a una familia. Las personas anhelan desesperadamente una vida en comunidad, y también tener una vida familiar significativa. La iglesia debe ser una fuente de identidad y apoyo para los núcleos familiares aislados. ¡La iglesia debe ser una familia para las familias!

¡La iglesia debe ser una familia para las familias!

EL HOGAR COMO CENTRO ESPIRITUAL

La familia siempre ha sido el mejor lugar para vivir y experimentar la fe, educar y formar. El discipulado, la enseñanza y la capacitación siempre deberían suceder alrededor de nuestras mesas familiares y reforzarse en la iglesia.

A medida que los más chicos van creciendo, necesitan padres mejor equipados, y necesitan el apoyo de la familia de la fe para nutrirlos y equiparlos a ellos mismos como participantes plenos en el Reino de Dios. La manera más efectiva de tener adolescentes más involucrados y serios acerca de su relación con Dios y con la comunidad de fe, es teniendo a papás más intencionales y serios en su relación con Dios y su comunidad de fe. Si deseamos tener en nuestras congregaciones hijos espiritualmente saludables, necesitamos animar y trabajar para tener padres espiritualmente saludables.

"De las instalaciones de la iglesia al hogar de las personas". ¡Esta es una de las tendencias más emocionantes de la iglesia que viene! En lugar de concentrarnos tanto en las reuniones de los domingos o en las clases semanales, ¡debemos enfocarnos en lo que sucede en el ministerio diario que ocurre durante las 166 horas en las que las familias están fuera del edificio de la iglesia! Teológicamente hablando, esto tiene mucho sentido, ya que Dios mismo designó a la familia como el primer lugar para La educación espiritual de las nuevas generaciones:

"El propósito es que ustedes, sus hijos y nietos, obedezcan al Señor su Dios en todo. ¡Esa es la manera en que ustedes lo honrarán! (...) Debes pensar constantemente en estos mandamientos que te doy en este día. Debes enseñarlos a tus hijos y hablar de ellos cuando estás en casa o cuando caminas con ellos; al acostarte y al levantarte". Deuteronomio 6.2, 6-7

La familia es la iglesia más pequeña y la más poderosa.

La familia es la iglesia más pequeña que existe. Es "la iglesia doméstica". Los papás y las mamás son los pastores y pastoras de esa pequeña iglesia. Su tarea es hacer el trabajo del ministerio en la vida de sus hijos durante toda la semana. Cuando tenemos familias más sanas, entonces nuestras iglesias son más fuertes. Por ello, ayudar a que los padres asuman la responsabilidad de su propio crecimiento espiritual, y del discipulado y el liderazgo de sus propias familias, debe ser uno de nuestros objetivos prioritarios como iglesia.

Para conocer mejor a los padres y a las familias de tu iglesia, y tener una idea más clara de sus principales necesidades, te propongo hacer una encuesta. Algunas de las preguntas que podrías incluir son:

- ¿Qué tan conectados se sienten ustedes y sus hijos a la iglesia?

- ¿Cómo puede esta iglesia ayudarles a ustedes y a sus hijos a estar más conectados con el resto de la congregación?

- ¿Cómo podemos desde la iglesia servirles mejor a ustedes como padres, y a su familia?

- ¿Cuáles son las tres cosas más importantes que nuestros ministerios de niños, adolescentes y jóvenes podrían hacer para ayudarlos en la crianza de sus hijos?

Por último, quiero compartirte aquí algunas ideas para fomentar la integración inteligente entre las fuerzas de la familia y las de la iglesia:

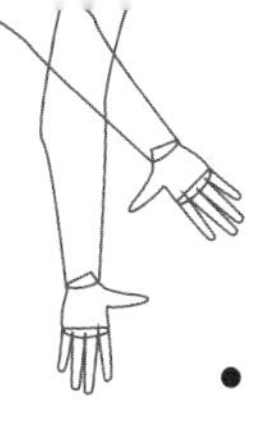

- Conocerlos por sus nombres.

- Estudiar el contexto de las familias de la comunidad.

- Conocer la situación socioeconómica y laboral de los padres.

- Saber cómo está compuesta la familia.

- Reunirnos con los padres y escucharlos.

- Reconocerlos y animarlos públicamente.

- Hacerlos participar de las ceremonias de transición generacional.

- Tener un calendario estratégico (coordinado con el calendario escolar) que conecte a los ministerios con las nuevas generaciones y familias.

- Mantenerlos informarlos (por email, grupo de Facebook, WhatsApp, etc.)

- Preguntarles cómo podemos orar por ellos y sus familias.

- Resaltar lo bueno que vemos en sus hijos.

- Proveerles de libros y recursos para el crecimiento.

- Equipar y entrenar a los padres para que puedan involucrarse activamente en el pastoreo espiritual de sus hijos y practicar la vida de fe como grupo familiar.

- Planificar series anuales de enseñanza durante los servicios de los domingos que traten acerca de la familia y la relación entre padres e hijos.

- Planificar actividades en donde puedan participar los padres junto con sus hijos, como retiros y campamentos. (Por ejemplo, retiros para chicas y mujeres, para madres con sus hijas).

- Estimular la unidad intergeneracional a través de oportunidades de servicio en la iglesia, proyectos misioneros y de justicia social en la comunidad. Facilitar la posibilidad de servir en familia en las labores sociales comunitarias.

- Buscar que haya en la iglesia al menos la misma cantidad de actividades especiales para toda la familia, que actividades para personas con edades específicas.

- Fomentar la conexión de las familias con otras familias de la iglesia.

- Organizar seminarios de entrenamiento y capacitación para padres.

- Lograr que el servicio de los domingos refleje el compromiso que tiene la iglesia con la familia.

- Hacer menos cosas pero ser más intencionales. Quitar programas innecesarios, evitar el hiperactivismo y elevar el nivel de las relaciones, abriendo espacios y lugares para que las familias florezcan.

CAPÍTULO 6

CONEXIÓN INTERGENERACIONAL

"Todos los aspectos cercanos y dinámicos de la vida familiar se encuentran en el cuerpo de la iglesia: estimar, cuidar, animar, reprender, confesar, arrepentirse, confrontar, perdonar, expresar amabilidad y comunicarse con sinceridad". **Charles Sell**

Las familias son, por naturaleza, intergeneracionales. Por eso, cuando la gente joven es recibida en la familia de la fe, es importante que sean invitados a relaciones que crucen las fronteras generacionales.

En las familias saludables los abuelos proveen sabiduría, estabilidad y un sentido de longevidad. Los padres ofrecen guía, relaciones y un involucramiento intencional. Los hermanos crean oportunidades de experiencias compartidas, camaradería, amistad y rendición de cuentas mutua. Así, los beneficios de perseguir en nuestra iglesia la interacción generacional de manera intencional son muy numerosos y abarcan todas las edades. La experiencia de fe de los ancianos de la comunidad mejora cuando la gente joven encuentra un lugar para desafiar el *status quo* y motivar a las congregaciones a permanecer relevantes frente a los cambios culturales. La pasión y la energía que aportan los más jóvenes, les da a los mayores la confianza y la esperanza de que la misión de la iglesia continuará llevándose adelante en el futuro. Del otro lado de la ecuación, los más jóvenes se benefician de la sabiduría y la experiencia de los adultos creyentes que escogen estar relacionalmente disponibles, y compartir las lecciones que aprendieron en su largo camino en la fe.

Los beneficios de perseguir en nuestra iglesia la interacción generacional de manera intencional son muy numerosos y abarcan todas las edades.

Los adultos deben ser quienes cuiden a los más jóvenes, ya que estos últimos, a pesar de tener mucho que aportar a la comunidad de fe con su energía y perspectiva, todavía necesitan que se los nutra y se los guíe (sin juzgarlos ni condenarlos). Los adolescentes necesitan el apoyo de al menos un adulto comprometido en sus vidas, idealmente, sumado al que reciban de sus padres o, tristemente en muchos casos, en reemplazo del de estos. Los jóvenes, por su parte, se encuentran en esa época de la vida en la que están comenzando a separarse de sus familias de origen, y necesitan el involucramiento de otros adultos que sean una voz de referencia y sabiduría, al tiempo que les provea de un acompañamiento frente a los desafíos de la vida adulta. Los adultos creyentes pueden proporcionarles a aquellos más jóvenes, que recién están comenzando su caminar con Jesús, una imagen de cómo se ve y se vive una fe madura. Además, sus oraciones y su estímulo pueden darles esperanza y ánimo a los muchachos que enfrentan situaciones difíciles y dolorosas.

¡Todos los adultos deberíamos vernos a nosotros mismos como pastores de niños, adolescentes y jóvenes! Obviamente, primero en nuestros hogares, pero también en nuestras iglesias locales.

De esta manera, la iglesia puede ser como una aldea en la que todos se ocupen de cuidar y educar a los más pequeños. ¡Imaginemos juntos el fruto de una comunidad de fe comprometida, en la que cada miembro se ve a sí mismo como una parte vital del desarrollo espiritual de los más jóvenes de su entorno!

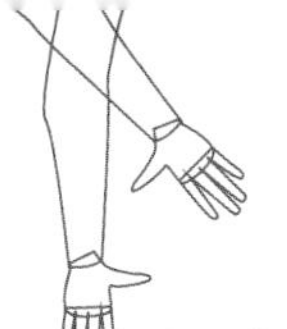

POTENCIARLOS ES LA CLAVE

Ya hemos visto que los adultos deben nutrir, potenciar e incluir a los niños, adolescentes y jóvenes. Ahora es importante que exploremos algunas de las posibles maneras creativas y estratégicas que podemos usar para que ellos sean celebrados y vistos como una parte vital de la familia de Dios.

Para potenciar a los más jóvenes, primero debemos reconocer que ellos tienen una gran cantidad de dones, habilidades y recursos que generalmente en la iglesia son desaprovechados (o directamente ignorados). Equipar a los jóvenes para que colaboren con el resto de la familia de la fe, permitirá que sean apreciados y valorados no solo como hermanos menores, sino también como socios ministeriales vitales y valiosos para la vida de la iglesia en general.

Los más jóvenes necesitan saber que tienen el mismo lugar y valor que los adultos. Solemos utilizar a los jóvenes para cubrir espacios que nadie más quiere llenar en la iglesia, y pensamos que eso significa potenciarlos. Cuando lo hacemos, ellos intuitivamente saben que están supliendo una necesidad, lo cual está bien. Sin embargo, cuando verdaderamente creemos en el valor de los jóvenes y en sus capacidades, cuando los celebramos y afirmamos, reconociendo su aporte e importancia, y cuando les damos espacios relevantes y los hacemos participar de la vida del cuerpo como un adulto más, es recién entonces que se fortalece su sentido de valía y su conexión con la comunidad en general. ¡Allí es cuando verdaderamente los estamos potenciando!

> **Los más jóvenes necesitan saber que tienen el mismo lugar y valor que los adultos.**

Para esto necesitamos que una gran cantidad de adultos conozca a cada joven que llama a nuestra iglesia su familia. Que los afirmen, celebren y reconozcan su importancia como una parte vital de la familia, dándoles sentido de valor y conectándolos con el resto de la iglesia.

Si deseamos potenciar intencionalmente a los jóvenes de manera que se sientan miembros importantes de la familia de la iglesia, debemos encontrar formas creativas y estratégicas de que sean considerados y celebrados, no solo en sus arenas ministeriales entre pares, sino también de manera visible en todas las actividades de la iglesia.

¡La reunión del domingo debe reflejar el compromiso de la iglesia con las nuevas generaciones!

¡La reunión del domingo debe reflejar el compromiso de la iglesia con las nuevas generaciones!

A modo de ejemplo, les comparto algo que comenzamos a practicar hace un tiempo en la iglesia que pastoreo: Cada mes tenemos un domingo en el que los adolescentes o jóvenes están a cargo del servicio. Reciben a la gente, les dan la bienvenida, son parte del equipo de adoración, recogen las ofrendas, algunos de ellos comparten mensajes cortos de cinco minutos, hacen los anuncios y tienen participaciones grupales especiales. Los pastores de adolescentes y jóvenes comparten el mensaje junto con algunos de los adolescentes, y los adultos recibimos y aprendemos de ellos. Debo confesarles que no todo sale perfecto. Ellos están aprendiendo al igual que nosotros. Pero hemos decidido que el hecho de que ellos se sientan una parte esencial de la iglesia es más importante que la perfección del servicio del domingo. ¡Amemos más a las nuevas generaciones que a las tradiciones!

ADULTOS RESPONSABLES

Una de las claves de la formación de las nuevas generaciones es entender nuestro trabajo con ellos en un contexto intergeneracional, en donde la familia se vea involucrada en el proceso como una parte fundamental, y en donde tanto los adultos como los niños, adolescentes y jóvenes puedan interactuar activamente en la comunidad de fe. Esta realidad creará el mejor contexto posible para la formación espiritual de las nuevas generaciones.

¡Busquemos maneras prácticas de que los adultos de todas las edades se conecten con el trabajo del ministerio generacional, y encontremos caminos para integrar a los niños, adolescentes y jóvenes a la vida de los adultos de nuestra iglesia! Para ello, debemos crecer en la responsabilidad mutua y asegurarnos de que todos, sin importar la edad, sean abrazados y amados dentro de la familia de la fe, tal y como sucede en las familias saludables, en las que todos se cuidan unos a otros.

No podemos delegar la responsabilidad de una generación a solo una arena ministerial. Es una responsabilidad de toda la iglesia. Y con la práctica hemos aprendido que las relaciones intergeneracionales, aunque no son lo único que cuenta, son un aspecto clave para construir una fe duradera en los adolescentes, más allá de la etapa de la escuela secundaria. En los esfuerzos que muchas iglesias hacen por ofrecer enseñanza y compañerismo relevantes y apropiados para su edad, sin querer se los ha segregado del resto de la iglesia, quitándoles así las conexiones necesarias e imprescindibles con otros miembros adultos de la congregación.

Las iglesias y los hogares cristianos deben transformarse en incubadoras de fe con propósitos claros.

Cuando hablo aquí de conexión intergeneracional estoy refiriéndome a que tenemos que apuntar nuestros esfuerzos a que los niños, adolescentes y jóvenes estén participando de la vida *conjunta* de la comunidad con el resto de los miembros. Esto provoca beneficios a corto y a largo plazo que serán revitalizantes para la vida de la mayoría de las iglesias. ¡Cuando las nuevas generaciones se integran a todo el cuerpo de Cristo, y dejan de ser ignorados, desplazados o aislados, nuestras iglesias se rejuvenecen!

El otro aspecto de esta cuestión es que las iglesias y los hogares cristianos deben transformarse en incubadoras de fe con propósitos claros. Los discípulos formados en estos espacios necesitan:

- Encontrar seguridad en sus relaciones dentro de la familia y de la iglesia.

- Conectarse con gente de todas las edades.

- Ser mentoreados por alguien mayor y mentorear ellos mismos a alguien menor.

Los discípulos jóvenes necesitan "héroes" fuera de su familia inmediata, que sigan a Jesús y puedan apadrinar su desarrollo espiritual. Dicho de otro modo, necesitan de adultos que puedan ser un ejemplo para ellos y que a la vez los acompañen, hablen a sus vidas y los ayuden a desarrollar sus dones.

Las relaciones intergeneracionales intencionales hacen que quienes son discipulados:

- Se sientan valorados por las personas mayores que son parte de sus vidas.

- Aprendan a recibir críticas constructivas de parte de los mayores.

- Encuentren el consejo oportuno de gente adulta cuando necesiten tomar decisiones difíciles.

Los discípulos jóvenes necesitan "héroes" que apadrinen su desarrollo espiritual.

Es increíble el cambio que se produce cuando todos nos involucramos intencionalmente en la vida de la comunidad de la iglesia, rindiendo cuentas de manera personal y también haciéndonos responsables de los demás. Cuando la idea de familia se hace realidad en la comunidad de fe y existe este tipo de relaciones intencionales entre los adultos y los más chicos, entonces la hospitalidad, la aceptación incondicional y el sentido de pertenencia comienzan a ser el sello distintivo de estas conexiones.

Cuando promovemos que los adultos y los adolescentes se conozcan e interactúen, esto no solo es beneficioso para los más jóvenes que reciben la sabiduría y experiencia de los adultos, sino que los adultos son inspirados por la vitalidad de los más chicos y motivados por su

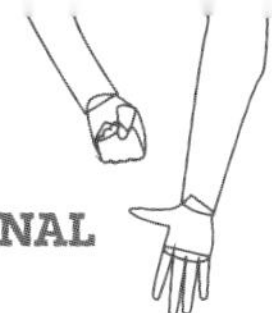

fe. Y cuando los adolescentes experimentan pertenencia y cuidado paternal, sus convicciones se afirman y su fe crece.

Hoy más que nunca necesitamos a todos los adultos de nuestras comunidades de fe desempeñando un rol protagónico, tomando la iniciativa de relacionarse saludablemente con los más chicos. Integrarlos significa aumentar el compromiso de toda la iglesia para abrazarlos y ponerlos en un lugar preponderante. ¿Por qué hacer esto? Porque amamos profundamente a la generación más joven y deseamos una relación duradera con ellos ahora y en el futuro. ¡Los esfuerzos integradores que nosotros hagamos les confirmarán que somos mejores como familia cuando elegimos estar juntos!

"Ayuden a que los chicos puedan ver que ahora son parte de la familia de Dios, con dones y talentos que toda la iglesia necesita. Y nunca olvides que la iglesia, con todos sus errores, es lo que Dios estableció para llevar su mensaje por todas las edades". Chuck Neder

¡Generemos una cultura de honra hacia las generaciones que nos precedieron, que abrieron la brecha y nos mostraron el camino, y avancemos hacia lo que está delante, siendo ejemplo y modelo para aquellos que nos observan, a la vez que preparamos el camino para que las generaciones que vienen detrás nuestro puedan llegar aún más lejos que nosotros! ¡Tengamos una influencia transformadora en las vidas de nuestros niños, adolescentes y jóvenes para que, capacitados e impulsados por nosotros, puedan llegar a ser la generación que cumpla con el propósito de Dios para ellos en este tiempo!

PARTE 2

UNA VISIÓN 360

CAPÍTULO 7

UN NUEVO PARADIGMA PASTORAL

"Existe una gran diferencia entre tener éxito y ser fructíferos. El éxito proviene de la fuerza, el control y la respetabilidad. El éxito trae muchas recompensas y, a menudo, fama. Ser fructíferos, sin embargo, proviene de la debilidad y de la vulnerabilidad. Y los frutos son únicos. Un niño es el fruto concebido en la vulnerabilidad; la comunidad es el fruto que nace del quebrantamiento compartido, y la intimidad es el fruto que crece cuando unos a otros atendemos nuestras heridas. Recordémonos unos a otros que lo que nos trae verdadera alegría no es el éxito sino el ser fructíferos". Henri Nouwen

Jesús no es el pobre que se hace rico, ni el pequeño que se hace grande. Es quien lo tiene todo y lo deja atrás para venir a servir. Él nos muestra que el camino es descendente, que la flecha que está en el cartel de la banquina apunta hacia abajo. Él es quien se arrodilla con la toalla lista para secar pies, quien se humilla para devolvernos la dignidad y el valor, quien da su vida en rescate por muchos y nos invita a seguirle, a cargar su cruz y a llevar su yugo. En este nuevo universo no hay lugar para los que oprimen a sus súbditos, ni para los que abusan de su autoridad. Aquí el mayor es el que más sirve. El primero es el que pone por encima suyo a los demás.

Este camino en pendiente que Jesús nos invita a transitar no es natural para nosotros debido a la esencia de nuestra condición pecaminosa. Siempre nos encontramos, incluso en contra de

> **Los líderes que tienen el corazón correcto se enfocan en despertar y potenciar los dones de otros, en lugar de atraer la atención sobre sí mismos.**

nuestros mejores deseos, en el camino inverso, porque cada fibra de nuestro ser está impregnada del espíritu de comparación y competencia. Somos permeados por la pulsión generalizada de entrar en la carrera alocada (y sin llegada cierta a ningún destino) del estilo de vida de la "movilidad ascendente". Así, nuestra forma de vida se estructura en torno a un único objetivo: subir la escalera de la ambición desmedida y del reconocimiento.

Hay una profunda diferencia entre la ambición de poder y la ambición de amar y servir. Es la diferencia entre tratar de levantarnos a nosotros mismos o tratar de levantar a nuestros semejantes.

Los líderes que tienen el corazón correcto se enfocan en despertar y potenciar los dones de otros, en lugar de atraer la atención sobre sí mismos. Invierten en otros, agregan valor, equipan, tratan con dignidad, animan, estimulan, agradecen, celebran las buenas acciones, y se alegran por los logros de los discípulos.

La palabra favorita de Pablo para describir al liderazgo es opuesta a lo que la mente natural sospecharía. Se trata de diakonos, que se refiere a un «siervo». Es hora de que comprendamos que las tareas básicas del liderazgo bíblico son proporcionar ayuda, nutrir, desarrollar, guiar y servir.

DE PALESTINA HASTA HOY

Hay un dicho popular que dice que el cristianismo comenzó en Palestina como una comunidad, se convirtió en una filosofía en Grecia, en una institución en Roma, en un gobierno en Europa y en una empresa en los Estados Unidos (modelo que, en muchos casos, ha sido prototípico para la Iglesia en Hispanoamérica).

El problema es que le creímos el cuento a la ciencia social del marketing, que afirma que la función principal de la iglesia es crecer. ¡Ahora sabemos que eso no es cierto! ¡El propósito principal de la iglesia es glorificar a Dios alertando al mundo sobre el reinado universal de Dios a través de Cristo! Cuando lideramos sin saber lo que realmente debería ser y hacer la iglesia, recurrimos a modelos eclesiales empresariales. Pero la iglesia no es simplemente una organización, y definitivamente no es un negocio. Las metáforas favoritas de la Biblia al referirse a ella son cosas como "familia", "cuerpo" y "comunidad". ¡Comencemos a soñar con el aspecto que tendría una iglesia que se calibrara por completo en torno a la misión de Dios!

Cuando la vocación pastoral de servicio es reemplazada por estrategias de emprendedores con planes de negocios, entonces abrazamos modelos empresariales corporativos con estilos de liderazgo gerenciales, en los que se prefiere el vocabulario de los números al de los nombres, y en donde la niebla gris de la abstracción nos impiden ver las particularidades agudas de las caras reconocibles. De esta manera se reduce peligrosamente al cristianismo a ser una mercancía que se puede empaquetar, comercializar y vender. Y entonces, las nuevas generaciones desconfían, porque perciben a la iglesia como un gran negocio. ¡Sin importar el tamaño de nuestras iglesias, cuando perseguimos el "éxito eclesiástico" puede que perdamos la gran oportunidad de hacer nuestro verdadero trabajo, que es discipular personas!

La obcecación con el poder conduce a la arrogancia. El enamoramiento por las posiciones más visibles dentro de la iglesia, la fama, el micrófono, la plataforma, los títulos... todo conforma una simbología fuerte de poder, especialmente dentro del ámbito de la iglesia en Hispanoamérica. Hay uno que manda y todos los demás obedecen, o al menos eso se espera. El poder se utiliza para controlar, y en muchos casos lleva a liderazgos abusivos en los que los líderes se sienten dueños de las vidas de las personas a las que fueron llamados a servir.

¡La razón por la que nuestro enfoque del liderazgo es tan importante es que este le da forma a la cultura de la comunidad! Un enfoque

¡La razón por la que nuestro enfoque del liderazgo es tan importante es porque este le da forma a la cultura de la comunidad!

jerárquico y verticalista se presta a un liderazgo impulsado por la personalidad, en el mejor de los casos, y a un liderazgo de control en el peor. En estos contextos no se permiten expresiones de ideas creativas ni puntos de vista diferentes a los propuestos por la autoridad. Las personas, y particularmente las nuevas generaciones, son subestimadas y tratadas simplemente como una estadística, ya que se pone en tela de juicio su capacidad de contribuir y de tomar decisiones correctas. Nadie se atreve a cuestionar al pastor; simplemente se le obedece. Esto lleva a una codependencia enfermiza de la gente hacia el liderazgo.

Pastorear con un corazón conforme al corazón de Dios para ser la iglesia que Jesús imaginó, significa cuidar del rebaño como aquellos que saben que tendrán que rendir cuentas por sus acciones. Esto implica pastorear con amor incondicional, cuidando, guiando, alimentando y sanando a las ovejas.

¡Claro, es mucho más fácil hacer programas que amar a la gente! Es más fácil estar en la oficina que conversar con un adolescente en el cordón de la vereda. Es más fácil predicar desde el escenario que saludar a cada uno en la puerta cuando llegan y se van de la reunión. Sin embargo, debemos recordar que, como pastores, compartimos a Jesús compartiéndonos nosotros mismos.

Las nuevas generaciones necesitan de la influencia saludable de pastores amorosos que tengan un corazón para instruir, discipular y entrenar. Necesitan sentirse amados. Necesitan que les demostremos un interés genuino que les ayude a sentirse valorados. Necesitan un nuevo estilo de liderazgo que los alimente y los equipe para integrarse en el cuerpo de Cristo. Esta labor pastoral relacional es compleja, difícil, requiere compromiso, demanda tiempo, energía, sacrificio y entrega.

"...como pastores, cuiden ustedes a las ovejas de Dios que están a su cargo. No lo hagan porque es su obligación ni por ambición

de dinero, sino porque tienen el deseo de servir, como Dios quiere. No traten a los que están bajo su cuidado como si ustedes fueran dueños de ellos, sino sírvanles de ejemplo. Así, cuando aparezca el Pastor principal, ustedes recibirán la corona de gloria que durará para siempre". 1 Pedro 5:2-4

Un líder que se muestra perfecto desanima a quienes pretenden tomarlo como ejemplo. Un líder que se muestra vulnerable, anima y fortalece sin perder autoridad, porque los que lo observan creen que pueden llegar a ser como él.

Los más chicos tienen un radar altamente sensible que les ayuda a percibir cuando estamos más interesados en hacerlos participar de nuestras actividades y programas, que en ellos como individuos. Ellos buscan gente real, sincera, genuina, y les atrae más saber que nos importan, que escuchar nuestros lindos mensajes.

Henri Nouwen, en su brillante libro de liderazgo "En el Nombre de Jesús", nos interpela diciendo que en una cultura que exalta el poder, la eficacia y el dominio, Jesús vuelve a hacernos la pregunta que le hizo a Pedro aquel día

De lo que no podemos prescindir es de servir con el corazón correcto.

en la playa. Una pregunta que lo sintetiza todo, y que nos ubica en la posición correcta desde la cual tenemos que servir. Jesús no nos pregunta cuántas personas nos siguen, qué tan efectivos somos, ni qué resultados extraordinarios estamos logrando. La pregunta es simple y concreta: "¿Me amas?". Otra manera de hacer esta pregunta sería: "¿Conoces al Dios encarnado?". En el mundo actual, lleno de soledad y desesperación, hay una enorme necesidad de hombres y mujeres que conozcan el corazón de Dios, un corazón que perdona, que ama, que sale a nuestro encuentro y quiere sanarnos. Podemos ser parte de una iglesia grande en tamaño, o podemos pastorear pequeñas comunidades de personas marginadas, pero de lo que no podemos prescindir es de servir con el corazón correcto.

Esto implica liderar desde la vulnerabilidad, reconocer nuestras limitaciones, nuestra fragilidad, admitir nuestras fallas y no fingir que lo sabemos todo. Bajar la velocidad para caminar al ritmo de las ovejas. Aprender a escuchar desde una postura de humildad, y tener una disposición a recibir. Abandonar la competencia por sobresalir en la carrera para ver quien es más talentoso, carismático, dinámico, a la moda, o innovador. ¡La amada Iglesia del Señor demanda una nueva generación de líderes cristianos que reconozcan que ellos en realidad no son importantes! Necesita más pastores como Pablo, que se despojen de su propia relevancia y poder, para poder ser llenos de la vida de Cristo e impregnar de esta vitalidad a la iglesia local.

Observa la evolución de Pablo, y verás que su crecimiento en Cristo va de la mano con su creciente sentido de vulnerabilidad:

- En Gálatas 2:6, escrito en 50 d.C., tras ser cristiano durante catorce años, escribe sobre los apóstoles de esta manera: *"Los grandes dirigentes de la iglesia no añadieron ni una tilde a mi mensaje..."*. Aquí Pablo aparece orgulloso, *como si fuera superior.*

- En 1 Corintios 15:9, escrito seis años más tarde (en 54 d.C.), escribe de una manera mucho más humilde: *"Yo soy el más insignificante de los apóstoles..."*.

- En Efesios 3:8, seis años después de eso (alrededor del 60 d.C.), y veinticuatro años después de convertirse en cristiano, Pablo proclama: *"Aunque soy el más pequeño de todos los que son parte del pueblo santo..."*.

- Por último en 1 Timoteo 1:15, aproximadamente dos años antes de su muerte y después de andar en Cristo durante casi treinta años, Pablo es capaz de ver con claridad: *"... Cristo Jesús vino al mundo a salvar a los pecadores, de los cuales yo soy el primero"*.

¡A medida que crece su comprensión del amor y la gracia de Dios, Pablo aprende a hacerse fuerte en Jesús al volverse más débil!

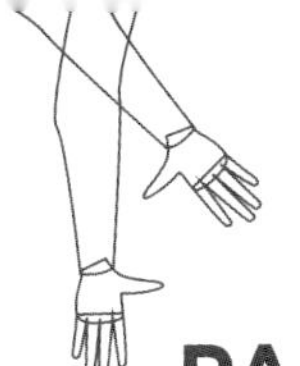

PASTORES Y LÍDERES RELACIONALES

"Les recomiendo a nuestra hermana Febe, diaconisa de la iglesia de Cencreas. Recíbanla muy bien en el Señor, como debemos hacerlo con los hermanos en la fe. Ayúdenla en todo lo que puedan, porque ella ha ayudado mucho a otras personas y a mí mismo.

Saluden en mi nombre a Priscila y a Aquila. Ellos han colaborado mucho conmigo en la obra de Cristo Jesús. ¡Hasta han arriesgado la vida por salvarme! Y no soy el único que les está agradecido; todas las iglesias gentiles lo están también.

Salúdenme también a las personas que se congregan a adorar al Señor en la casa de Priscila y Aquila. También a Epeneto, mi gran amigo, él fue el primero en convertirse al cristianismo en Asia.

Recuerdos a María, que se ha esforzado tanto por ayudarlos a ustedes. Lo mismo a Andrónico y a Junías, parientes míos y compañeros de prisión, los cuales son muy apreciados entre los apóstoles; ellos se hicieron cristianos antes que yo.

Saludos a Amplias, a quien amo como hermano en el Señor.

Salúdenme a Urbano, nuestro compañero de trabajo en Cristo, y a mi amado hermano Estaquis.

Luego salúdenme a Apeles, que tantas veces ha demostrado su fidelidad a Cristo. Y recuerdos a los de la familia de Aristóbulo.

Saludos también a mi pariente Herodión, y a los de la familia de Narciso, que son fieles al Señor.

Saludos a Trifena y a Trifosa, obreras esforzadas del Señor. Saluden también a mi querida hermana Pérsida, que ha trabajado tanto por el Señor.

Saludos a Rufo, que es un distinguido creyente, así como a su querida madre, que ha sido como una madre para mí.

Y denles saludos a Asíncrito, a Flegonte, a Hermes, a Patrobas, a Hermas y a los hermanos que están con ellos.

Saludos a Filólogo, a Julia, a Nereo y a su hermana, a Olimpas y a todos los hermanos que estén con ellos.

Y salúdense unos a otros con un beso santo. Todas las iglesias de Cristo les envían saludos". Romanos 16:1-16

El que acabamos de leer es sin duda un pasaje muy singular. Allí vemos a Pablo tomándose el tiempo para saludar a decenas de personas por su nombre; a hombres y mujeres que sirvieron fielmente a las incipientes comunidades de creyentes, iglesias en casa, y familias que dedicaron su vida haciendo equipo con él en la extensión del reino.

Podemos darnos cuenta de que conoce a cada una de ellas personalmente. Se encarga de destacar las virtudes particulares de cada una, las recomienda, las honra, y reconoce lo fieles que han sido y con cuánta generosidad han contribuido a la obra. Agradece que algunos incluso han arriesgado sus vidas por salvarlo, que lo acompañaron cuando estuvo en la cárcel, y les agradece porque en las ocasiones en que más los necesitó, estuvieron allí para él.

¡Nada cimenta una relación de manera tan profunda como el hecho de que se dé en el ámbito de una fe común en Cristo Jesús!

También podemos ver que utiliza ciertas palabras para referirse a estas personas: *"amado hermano"*, *"querida hermana"*, *"amigo"*, *"compañeros"*, *"como una madre para mí"*... ¡Pablo tenía un vínculo personal profundo con estas personas! ¡Eran para él tanto o más cercanos que una familia!

También vemos que el enfoque central en todas estas relaciones era Jesucristo. Cada uno de ellos está *«en el Señor»*, *«en la obra de Cristo Jesús»*... ¡Nada cimenta una relación de manera tan profunda como el hecho de que se dé en el ámbito de una fe común en Cristo Jesús!

Pero esta larga lista de saludos de Pablo también nos sirve para enfocarnos en otro principio: la tarea pastoral nunca puede llevarse a cabo separados de las personas.

"Si vas a predicar el evangelio a esta gente, tienes que conocer sus vidas. El evangelio nunca es incorpóreo. Si solo le estás predicando a la gente y no conoces sus nombres, y ellos no saben tu nombre, eso no es predicar, eso no es la obra pastoral. Conocía a todos en mi

congregación por nombre, y pasaba tiempo en sus casas y cerca de sus familias, de sus padres". Eugene Peterson

"Pastorear" es un término que se emplea en el Nuevo Testamento y es una hermosa metáfora para alguien que se ocupa de cuidar espiritualmente a las personas. Debo confesar que, en ocasiones, intencionadamente no he utilizado el título de "pastor", no porque considere que no esté cumpliendo con ese rol, sino porque prefiero enfatizar que no soy la única persona con ese rol sino que hay muchos "pastores" en nuestra iglesia, y estos son el equipo, los facilitadores, los padres que están guiando personalmente a sus hijos, etc. Prefiero pensar que nuestro rol como líderes consiste en asegurarnos de que cada una de las personas que componen la familia de la iglesia esté siendo pastoreada por alguien.

> **En esencia, nuestras conexiones con aquellos a quienes servimos tienen como objetivo final conectarlos con Jesús.**

Como lo veo yo, el ministerio pastoral se trata ni más ni menos que de crear espacios en donde las personas se conecten con Jesús, promoviendo ocasiones para que puedan encontrarse con Él, experimentarlo, amarlo y seguirlo. En esencia, nuestras conexiones con aquellos a quienes servimos tienen como objetivo final conectarlos con Jesús. El trabajo pastoral se podría resumir entonces en contagiar a otros la vida íntima que tenemos con Jesús, para que ellos también anhelen desarrollar una vida íntima con Él.

Dicho de otro modo, el ministerio pastoral se basa en relaciones humanas reales que persiguen la transformación a través de la empatía y el compartir. Nuestras relaciones con las personas en la congregación no deben ser «herramientas» para ganar influencia de alguna manera, o para fomentar el éxito de nuestro ministerio personal. Por eso quienes pastoreamos debemos estar constantemente revisando nuestros corazones, pensamientos, actitudes y motivaciones.

Y en cuanto a aquellas personas con quienes servimos en el liderazgo de la iglesia, no somos un equipo solo porque trabajamos juntos. Somos un equipo porque disfrutamos estar juntos, somos amigos, confiamos los unos en los otros, nos respetamos y nos cuidamos mutuamente. Los equipos saludables persiguen *intencionalmente* una vida emocional sana. Debemos trabajar en pos de un ritmo compartido de vida que modele el amor mutuo, una postura de servicio y una profunda amistad que nos lleve a perdonarnos unos a otros cuando sea necesario. El equipo de liderazgo de la comunidad de fe debe ser un espacio de pacto, y un prototipo de la familia espiritual en la que el resto de la iglesia deseará convertirse.

"Ahora bien, Dios nos da muchas clases de dones, pero el Espíritu Santo es la única fuente de esos dones. Hay diferentes maneras de servir a Dios, pero siempre es a un mismo Señor. Hay muchas maneras en que Dios actúa, pero siempre es un mismo Dios el que realiza todas las cosas en nosotros.

El Espíritu Santo le da una manifestación especial a cada uno de nosotros para ayudar a los demás". 1 Corintios 12:4-7

"Por lo que él hace, cada una de las partes del cuerpo, según el don recibido, ayuda a las demás para que el cuerpo entero y unido crezca y se nutra de amor". Efesios 4:16

La Iglesia, el cuerpo vivo del Espíritu, es llamada a someterse a Cristo como la cabeza del cuerpo, y dentro de la iglesia debemos buscar la dependencia mutua, los unos de los otros. Es por esto que yo en lo personal prefiero no utilizar para la iglesia palabras que resuenan a metáforas de empresas o de negocios, tales como "grupos de trabajo", "equipos ejecutivos", "pastor ejecutivo", "pastor principal", o "staff". Muchas organizaciones funcionan como equipos orientados a las tareas y las metas, más que como si fueran una familia. Sin embargo, el patrón que vemos en el Nuevo Testamento es el de una pluralidad de líderes dependiendo los unos de los otros, rindiéndose cuentas los unos a los otros, sometiéndose los unos a los otros y dando forma a la mutua labor en Cristo. Debemos tener presente que en la sumisión mutua no se desvaloriza la autoridad, sino que se fortalece el carácter y se fomenta la rendición de cuentas.

En Marcos 10:42-45 vemos a Jesús instruyendo a la iglesia a resistir a la noción secular del liderazgo:

"Por eso, Jesús los llamó y les dijo: -Como saben, los que se consideran jefes de las naciones oprimen a su gente, y los grandes abusan de su autoridad. Pero entre ustedes debe ser diferente. El que quiera ser superior debe servir a los demás. Y el que quiera estar por encima de los otros debe ser esclavo de los demás. Así debe ser, porque el Hijo del hombre no vino para que le sirvan, sino para servir a los demás y entregar su vida en rescate por muchos".
Marcos 10:42-45

Quizás llegó el momento de repensar juntos una nueva narrativa para la iglesia que soñamos, cuando hablamos de roles y funciones dentro del cuerpo...

CAPÍTULO 8

LIDERAZGO 360

"En su carta a la iglesia de Éfeso Pablo nos anima a encarnar las buenas noticias de manera que el poder se distribuya en lugar de centralizarse y la verdad se encarne en lugar de debatirse, hablándole así a una cultura que es escéptica respecto del poder y la verdad". J.R Woodward

En el libro *"La araña y la estrella de mar"*, Ori Brafman y Rod Beckstrom describen dos tipos de organizaciones. La primera es una organización tipo araña, que tiene una cabeza, cuerpo, numerosas patas y una red que atrapa insectos. Se trata de una organización con una clara estructura jerárquica. Si la relacionamos con las iglesias de hoy, el CEO vendría a ser el pastor principal, el cuerpo sería el equipo estructurado alrededor del pastor y las patas los variados programas de la iglesia.

El objetivo de esta clase de iglesias es simple: atraer a la mayor cantidad posible de personas a la telaraña y atraparlas allí. La iglesia estructurada como una araña logra esto mediante una reunión cada domingo a la mañana (a la que le dedican mucho trabajo, dinero y voluntarios) y que conduce centralmente a un sermón dado por el pastor. En este modelo, "ir a la iglesia" o "ser parte de la iglesia" consiste fundamentalmente en sentarse junto a otras personas en un auditorio los domingos por la mañana.

Si una iglesia araña atrae a la gente con éxito, entonces crece. Pero cuanto más grande se vuelve, menos conectadas tienden a sentirse las personas entre sí. Entonces, ¿qué se hace para retener a la gente? Se teje una red más grande y complicada para afianzar la lealtad y la conexión con el cuerpo y la cabeza. Y se multiplican la cantidad de patas con más programas y actividades.

Todo ese hiperactivismo centrado en el edificio hace que el tiempo (cada vez más limitado) de las personas las lleve a tener que elegir: "¿Qué hago? ¿Invierto más tiempo en la iglesia o en mi vecindario? ¿Paso más tiempo en el edificio de la iglesia o con mi familia?"

La estrella de mar es muy distinta a la araña. Una estrella de mar está formada por cinco brazos que se unen en el centro, y el centro del cuerpo de la estrella de mar no es como la cabeza de una araña. No es un cerebro, ni un centro de control de mando. Más bien, cada brazo de la estrella de mar contiene la idea completa de lo que significa ser un cuerpo. Brafman y Beckstrom llaman a esto "una organización descentralizada".

Una iglesia que funciona como una estrella de mar es orgánica y con un liderazgo distribuido. Las paredes del edificio no la pueden contener.

Una iglesia que funciona como una estrella de mar es orgánica y con un liderazgo distribuido. Las paredes del edificio no la pueden contener, y entonces se disemina por la ciudad. En ambientes familiares de fe, en patios, cafés, centros comerciales, vecindades, escuelas y universidades, hay grupos de amigos y familias que tienen tiempos de compañerismo, estudian la Biblia, discipulan a los más jóvenes, se cuidan unos a otros, usan sus dones espirituales, comparten su vida, sirven a las viudas y a los huérfanos, ayudan a los pobres y se integran el entretejido social de su comunidad.

Los miembros de esta clase de iglesia están centrados en caminar juntos compartiendo su fe y su experiencia con Dios. Una iglesia así tiene un sentido de flexibilidad estructural e invita a más participantes a la mesa; se conecta con los hogares y con la comunidad, y cumple su misión de una manera más orgánica.

Nunca fue la idea de Dios que su Iglesia se encerrara en una caja de paredes negras, luces y pantallas led. Creo que la visión de Jesús para la Iglesia se parece más a una estructura de estrella de mar que a una araña.

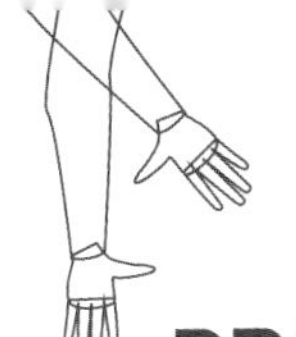

PRIMUS INTER PARES

El estilo de liderazgo 360 contrasta de manera evidente con el estilo de liderazgo que predomina hoy en nuestras iglesias, en el cual la figura del pastor es preponderante y concentra todas las decisiones y la autoridad. El liderazgo 360 se basa en el concepto de liderazgo compartido o *"primus inter pares"* (frase latina que significa literalmente "el primero entre iguales"). En este estilo de liderazgo cada miembro del cuerpo es valorado como un par, sin importar su status o posición. Se reconocen y celebran los dones de todos, y cada uno es considerado como una pieza vital dentro de la familia de la iglesia. El que lidera no considera su "puesto" como un permiso para estar por encima, ni separado de la congregación, sino que comprende que se trata de un rol de servicio. La comunidad de fe reconoce y afirma los dones del pastor, y este resalta los dones de los demás. El pastor nutre, protege y cuida de la comunidad. Se enfoca en la madurez espiritual del rebaño de Dios, mientras cultiva una red de relaciones amorosa y espiritualmente madura, con la finalidad de desarrollar discípulos. Esto significa que un diácono, un anciano o un pastor tienen un *rol* diferente pero no un *status* diferente en la familia de Dios. El pastor no es superior, más valioso, digno o talentoso que cualquier otro miembro de la familia de la fe. Todos tenemos roles diferentes porque necesitamos que cada uno utilice sus dones y recursos particulares para proveer una estructura que permita que nuestras familias eclesiales funcionen armoniosamente. Pero somos un grupo de hermanos en el que ningún líder importa más que el recién llegado o el más pequeño de todos.

Con frecuencia no valoramos lo suficiente el poder de generar una cultura de liderazgo relacional. Si queremos desarrollar discípulos relacionales, necesitamos ir más allá de un enfoque individualista, entendiendo que creamos cultura y la cultura, a su vez, nos recrea a nosotros. Un paradigma de liderazgo jerárquico se presta a un enfoque individualizado de la formación espiritual, y esto suele perpetuar la adolescencia espiritual de la congregación. Por el contrario, un paradigma de liderazgo compartido se presta a un enfoque comunitario para la formación espiritual de discípulos maduros.

El liderazgo 360 o "liderazgo policéntrico" produce el beneficio de una congregación en donde se alienta a cada discípulo a descubrir y utilizar sus dones espirituales. El equipo pastoral acompaña, apoya y equipa a aquellos a quienes el Espíritu Santo respalda, sin importar la edad o la experiencia. El pastor se asegura de que las voces de todos sean escuchadas, la contribución de todos es celebrada, y todos sienten a la iglesia como propia.

La teología que respalda este enfoque del liderazgo 360 es la que Pablo le recuerda a la iglesia en Corinto:

"Al contrario, los miembros del cuerpo que parecen más débiles son los más necesarios. Y a los menos importantes, los tratamos con más cuidado; y con esmero tratamos a los que no deben exhibirse. Pero no hacemos lo mismo con los miembros que son más decorosos. Así que Dios armó el cuerpo de tal manera que los miembros que pudieran parecer menos importantes recibieran más honor. Esto hace que no haya divisiones en el cuerpo, sino que cada uno se ocupe de los demás". 1 Corintios 12:22-25

Aquí el texto bíblico deja en claro que todos nos necesitamos unos a otros, y todos tenemos dones y recursos con los cuales contribuir para beneficio de todos en el cuerpo. Por lo tanto, debemos liderar modelando, enseñando y equipando a todos los miembros de la familia de Dios.

Una de las cosas que necesitamos hacer es construir puentes de confianza y cuidado hacia las nuevas generaciones que están buscando involucrarse y aprender de los fieles maduros. Este tipo de liderazgo compartido potencia a los más jóvenes mientras los empuja hacia las aguas de la inclusión congregacional. A largo plazo, este modelo de liderazgo 360 crea una comunidad inclusiva de adultos maduros que tienen el rol de ayudar a los más jóvenes a vivir su espiritualidad en Cristo. Lo hacen dando lugar a la influencia del Espíritu Santo y abrazando la oportunidad de servir codo a codo con ellos, en lugar de imponer su autoridad.

¿Cuál sería el resultado que obtendríamos si los líderes nos viéramos a nosotros mismos no tanto como administradores, programadores o planificadores de eventos sino más bien como

ambientalistas, trabajando en crear espacios ecológicos relacionales y espirituales que sean generadores de vida y como el resultado natural de un ecosistema saludable y dinámico?

¿Qué sucedería si ayudáramos a imaginar y nutrir el espacio bajo de nuestra influencia para que la vida crezca a partir de ella, y no imponiendo algo desde afuera hacia adentro, sino de abajo hacia arriba, de la misma manera que a través de la dependencia del Espíritu Santo la manifestación de una vida piadosa es el fruto que crece naturalmente en un árbol sano?

¿Qué tal si vemos este momento como una oportunidad para sentar las bases de una transición desde el modelo predominante de ministerio, realizado "por profesionales", hacia un modelo más sólido y bíblico de siervos que equipan, bendicen y envían a las personas de las comunidades eclesiales a hacer el trabajo de ministerio en sus familias, en sus escuelas, en sus trabajos y en sus vecindarios?

LOS DONES DE TODOS

El modelo de liderazgo 360 enfatiza el rol del pastor, del equipo pastoral y de los facilitadores, como aquellos que con sus dones equipan a los santos para la obra del ministerio. De ser héroes, pasan a ser formadores de héroes. De ser el centro, pasan a ser catapultas que equipan y envían a los demás a la misión. Los dones no son para ejercer control ni obstaculizar oportunidades para los demás, sino que conllevan la responsabilidad de involucrar y activar a toda la iglesia de manera eficiente hacia el crecimiento saludable que produce cambios profundos y duraderos.

> **Los dones no son para ejercer control ni obstaculizar oportunidades para los demás.**

Mientras el apóstol Pablo apelaba a la unidad del cuerpo de creyentes que se reunían en Éfeso, les recordó la razón por la que Dios les había dado ciertos dones fundamentales de liderazgo:

"Ahora bien, Cristo dio los siguientes dones a la iglesia: los após- toles, los profetas, los evangelistas, y los pastores y maestros. Ellos tienen la responsabilidad de preparar al pueblo de Dios para que lleve a cabo la obra de Dios y edifique la iglesia, es decir, el cuerpo de Cristo. Ese proceso continuará hasta que todos alcancemos tal unidad en nuestra fe y conocimiento del Hijo de Dios que seamos maduros en el Señor, es decir, hasta que lleguemos a la plena y completa medida de Cristo". Efesios 4:11-13 (NTV)

En la casa de Dios, cada uno de los miembros hace la obra del ministerio para la edificación del cuerpo de Cristo. Este tipo de aso- ciación proactiva produce el tipo de familia y de comunidad que es lo suficientemente completa y saludable como para influenciar al mundo como agentes del Reino de Dios.

Es interesante notar que unos versos antes, en Efesios 4:7 (NTV), Pablo escribió: *"… él nos ha dado a cada uno de nosotros un don espe- cial mediante la generosidad de Cristo"*, y luego, tal como leímos en el verso 11: *"… Cristo dio los siguientes dones a la iglesia: los apóstoles, los profetas, los evangelistas, y los pastores y maestros"*. ¡Este es un paradigma revolucionario! Es lo que se llama "la *matrix* del ministerio", y sugiere que los cinco dones pertenecen y describen de algún modo a la iglesia completa. Si tomamos la frase *"a cada uno de nosotros"* junto con la fórmula que dice *"dio los siguientes dones a la iglesia"*, ¡entonces naturalmente esto implica que todos los cristianos están incluidos en alguna parte de la estructura de los cinco ministerios!

"Como mi Padre me envió, así yo los envío a ustedes". Juan 20:21

Estoy convencido de que esta generación de cristianos jóvenes no está programada para sentarse en una banca y solo jugar a ser espectadores en los márgenes del ministerio. ¡Ellos desean ser entrenados, equipados y enviados a ser la Iglesia, produciendo cambios tangibles en el mundo!

El modelo de la gente viniendo a nosotros para que los alimen- temos espiritualmente, les facilitemos programas y los hagamos sentir cómodos no está funcionando. Las iglesias que persiguen lo "cool" invierten energía en algo que se evapora con el correr del tiempo (porque, ¿quién puede seguir el ritmo de las tendencias y

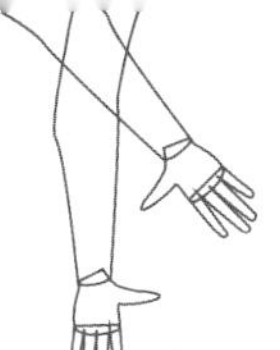

las modas?). Y todo esto consume la energía que deberíamos utilizar en cosas más importantes, aunque menos atractivas, como enseñar la sana doctrina y hacer discípulos.

Hay una tensión creciente con esta generación. Muchos están dejando la iglesia porque no son invitados a experimentar la épica del evangelio. Están sentados en las bancas leyendo la Biblia, y es inevitable que se pregunten por qué la imagen del cristianismo que ven en el libro de los Hechos es tan radicalmente diferente del cristianismo que están viviendo. Es muy probable que también se pregunten otras cuestiones, como "¿Qué dones me habrá dado el Espíritu Santo junto con la salvación?" y "¿Cuándo podré ver al Espíritu Santo manifestarse a través de mí?".

> **Esta generación de cristianos jóvenes no está programada para sentarse en una banca y solo jugar a ser espectadores en los márgenes del ministerio.**

¡Los jóvenes quieren que Dios también los use a ellos, y no solo a sus pastores! Necesitamos incluirlos para que puedan desempeñar roles significativos en el Reino de Dios, o los perderemos. Por más buenos predicadores que seamos, y por más *cool* que se vea nuestra iglesia desde afuera (o desde las redes sociales), los jóvenes no van a resignarse a pasar cuarenta años de sus vidas en las bancas escuchándonos predicar lindos mensajes. La finalidad de la iglesia relacional no es quedarse en las relaciones, sino que a través de estas podamos formar discípulos que puedan ser capacitados, entrenados y enviados a cumplir con la misión de extender el Reino. Para eso necesitamos los dones de todos, y un enfoque policéntrico del liderazgo que se preste al liderazgo relacional, a un enfoque familiar de ser la iglesia, y a un enfoque encarnacional y distributivo de la misión.

Parafraseando a Michael Frost en *"The Shaping of Things to Come"*, soñemos con una iglesia que valore la vida comunitaria, las estructuras de liderazgo más abiertas y la contribución de todo el pueblo de Dios. Una iglesia que sea radical en sus intentos de abrazar el

¡Los jóvenes quieren que Dios también los use a ellos y no solo a sus pastores!

mandato bíblico para la vida en comunidad sin sentir que tiene que reconstruir la iglesia del primer siglo en cada detalle. Una iglesia aventurera, divertida y sorprendente, con una inclinación hacia el caos y la improvisación dentro de los límites de los valores bíblicos sostenidos. Una iglesia que se reúna para la adoración experiencial y participativa, y que esté profundamente ocupada en los asuntos de búsqueda de justicia y misericordia. Que se esfuerce por lograr unidad en la diversidad, y que celebre las diferencias individuales y valore la singularidad, otorgándole al mismo tiempo una gran importancia a la comunidad. Una iglesia centrada en el camino de la fe y la experiencia con Dios. Menos estructurada, y con más participación directa de cada miembro. Una iglesia flexible, con una cultura claramente no jerárquica, y que reconozca que la experiencia de la iglesia se trata fundamentalmente del discipulado.

El paradigma del liderazgo 360 es el enfoque comunitario para la formación espiritual de discípulos maduros. Nuestras iglesias necesitan practicar el liderazgo compartido entre:

- Pastores
- Líderes generacionales
- Facilitadores
- Padres
- La familia de la iglesia en general

PASTORES
LÍDERES GENERACIONALES
FACILITADORES
PADRES
LA FAMILIA DE LA IGLESIA EN GENERAL
LIDERAZGO 360

CAPÍTULO 9

FACILITADORES

"La iglesia no se edifica con los dones y talentos de unos pocos, sino con el sacrificio de muchos". Brian Houston

Las buenas iglesias están construidas con el trabajo de muchas personas que han decidido permitir que Dios les use en diferentes formas. Nunca subestimemos a aquellos que para nosotros no son el tipo de persona que podría hacer la diferencia en la vida de los demás. ¡Muchos de los obreros más fieles y productivos para el Reino han sido personas que nadie hubiera pensado que podrían contribuir tanto! Sentados hoy en nuestras bancas hay mujeres y hombres que, con el permiso, el aliento y la capacitación necesarios, pueden convertirse en una parte vital de la obra de Cristo. ¡Te sorprenderá ver cuántas personas valiosas encontrarás dentro de tu comunidad una vez que abras tus ojos y tu corazón a la realidad del liderazgo compartido!

Los facilitadores son santos que juegan el rol vital de servir e invertirse en otros. Ellos están comprometidos en esto porque sinceramente quieren ayudar a los más chicos. No son mano de obra gratis, sino personas con poderosos dones espirituales que son el recurso utilizado para edificar el cuerpo de Cristo. ¡Nuestra tarea es equiparlos para que puedan usar estos dones en su máxima capacidad!

Son facilitadores aquellos que confían y empoderan a los más chicos delegando autoridad, dándoles acceso, brindando oportunidades. Ellos abren puertas, son precursores que muestran el camino a seguir. Muchas veces son anónimos, no tienen una posición o un rol definidos, hacen su trabajo en silencio, no son visibles y no les gusta que los reflectores los expongan... pero son imprescindibles en nuestras iglesias hoy.

Los pastores y líderes generacionales son los más visibles y quienes son de gran influencia y dirección en la iglesia. Sin embargo, si eres voluntario en un ministerio, miembro de un equipo de líderes, padre o simplemente un adulto interesado en contribuir con tu experiencia al discipulado de las nuevas generaciones, ¡tú eres una parte fundamental en este proceso de rejuvenecer la iglesia!

Los facilitadores levantan a otros. Toman espectadores, y los convierten en protagonistas.

Puede que pienses que porque no tomas las decisiones más importantes en tu iglesia, tu impacto es menor. Pero si como facilitador estás dispuesto a potenciar a los más jóvenes y ganarte su corazón, ellos aportarán su energía, vitalidad, creatividad, autenticidad, pasión e innovación a la iglesia cuando los hagas participantes y contribuyentes en lugares visibles de servicio en la vida de la congregación. Los facilitadores levantan a otros. Toman espectadores, y los convierten en protagonistas. Invierten, agregan valor, tratan con dignidad, animan, estimulan, agradecen, celebran las buenas acciones y se alegran genuinamente por los logros de los más chicos.

Estas son algunas características de los facilitadores:

- Son maduros, no necesariamente son jóvenes.

- Son transparentes y vulnerables.

- No se sienten amenazados por los dones de los demás.

- Les hacen sentir a los demás que son importantes, les aceptan, y disfrutan estar con ellos.

- Entienden la importancia de no tener dos caras.

- Tienen raíces profundas en la fe y modelan a Jesús.

- Son cálidos, cercanos, y no distantes.

- Les dan acceso a los demás a sus vidas, familias y hogares.

- Conocen sus nombres y modelan una fe genuina.

- Reflejan en sus vidas lo que predican.

- Son conscientes de la realidad que viven los más jóvenes.

- Les ayudan a identificar sus dones y a ponerlos en práctica.

- Les dedican atención, tiempo, y los escuchan.

La belleza del liderazgo compartido es que incluye a un grupo extendido de personas que asumen la responsabilidad de pastorear, participando tanto en el liderazgo como en el seguimiento y discipulado de los demás, dando tiempo para que cada líder esté en misión. Este enfoque modela las interrelaciones de la Trinidad; es un enfoque interdependiente, comunitario, relacional, participativo, de entrega y rendición del liderazgo.

Tenemos la gran tarea (y la gran responsabilidad) de ofrecer modelos, no perfectos, pero saludables, espiritualmente fuertes, experimentados en el peregrinar de la vida con Jesús, y con raíces profundas en la comunidad de fe. Cualquier adolescente en situación de riesgo está a un adulto de distancia de una vida completamente diferente. Y esos adultos, esos facilitadores, están en nuestras iglesias.

> **Cualquier adolescente en situación de riesgo está a un adulto de distancia de una vida completamente diferente.**

EL SACERDOCIO DE TODOS LOS CREYENTES

Esta idea de liderazgo compartido y descentralizado que fue vital para el crecimiento de la iglesia primitiva, se diluyó al tiempo que la iglesia crecía en poder y alcance. En lugar de ser el sacerdote el que ayudaba a otros a realizar el ministerio, él se convirtió en el único que realizaba el ministerio.

A finales de la Edad Media, solo los sacerdotes y algunos servidores de la iglesia tenían "llamados" y "vocaciones". Ellos formaban parte del "estado eclesiástico". Todos los demás, granjeros, carpinteros y pescadores, tenían ocupaciones necesarias pero "terrenales". Los laicos eran de segunda clase. La vida estaba dividida entre lo "sagrado" y lo "secular".

Así, Lutero nació en una cultura eclesiástica que celebraba el trabajo religioso por encima de todo. Sin embargo él, al igual que otros reformadores, entendió el concepto bíblico del "sacerdocio de todos los creyentes", y afirmó que cada creyente tenía una vocación a la cual Dios lo había llamado, y desde la cual podía servir a su Dios. De ahí que el ministro cristiano no tenía ninguna razón para sentirse superior al que se desempeñaba como laico. Para el cristiano toda la vida es sagrada porque, como bien entendieron los reformadores, nosotros vivimos la totalidad de nuestras vidas *coram Deo*, es decir, delante de la presencia de Dios. Lutero conectó la fe con la vida cotidiana. Todos nosotros, razonó, somos sacerdotes, no importa cuán ordinarias sean nuestras vidas. La "vocación", entonces, incluía trabajos religiosos y no religiosos: deberes domésticos, participación cívica y empleo ordinario. Lo que hacía que el trabajo fuera "cristiano", no era el tipo de trabajo que se estaba haciendo, sino la fe de quien lo hacía.

> **La iglesia local tiene una oportunidad increíble para ayudar a las personas a comprender que todo lo que hacen puede verse como una vocación sagrada.**

Este empoderamiento no implica darle a alguien el derecho o permiso de hacer algo, sino de conectar a las personas con la autoridad que ya tienen de parte de Dios para vivir su llamado. Todos los creyentes son llamados. Todos tenemos un llamado primario a ser discípulos de Jesús mientras discipulamos a otros, a conocerle y hacerlo conocido dondequiera que estemos. Cada uno de nosotros también tiene un llamado o vocación personal secundaria que nos distingue de forma única de todos los demás cristianos y nos da un papel único a desempeñar en la misión de Dios de redimir a la

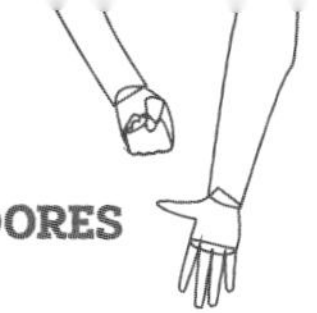

humanidad. La iglesia local tiene una oportunidad increíble para ayudar a las personas a comprender que todo lo que hacen puede verse como una vocación sagrada.

Cuando esto sucede, es posible que historias como estas sean parte de la vida cotidiana de la iglesia:

- *"Mi llamado sagrado en este momento es servir como madre de tiempo completo a mis hijos, criarlos en los caminos de Jesús, y hacerme amiga de otras mamás que conozco mientras vemos practicar deportes a nuestros hijos, para poder compartir con ellas mi fe".*

- *"Pinto cada día en el estudio para mostrar a través de mi arte la obra redentora de Jesús a través de mis pinturas abstractas expuestas en la galería de la ciudad".*

- *"Soy un estudiante universitario y mi misión y llamado es representar bien a Jesús en el campus y en mi trabajo de medio tiempo".*

- *¡Guiar a las personas a través de la teología de la vocación y desafiarlas a que vean sus llamamientos como sagrados es parte de nuestra tarea!*

Los pastores y líderes que entienden este concepto, saben que "la iglesia" no es la reunión dominical, sino las personas en misión durante la semana en sus hogares y en sus vecindarios. Debemos preparar y equipar a la gente para funcionar, servir y liderar en cualquier ámbito en el que se encuentren. Así, cada miembro se verá a sí mismo como un sacerdote con una asignación especial: repartir pizzas, enseñar a estudiantes de primaria, vender electrónicos, ser padre o madre, administrar un negocio, o pintar casas para la gloria de Dios. Y todos trabajarán hábilmente y vivirán sus vidas con el tipo de integridad constante que hará que otros les pregunten la razón de la esperanza que hay en ellos.

Un modelo de liderazgo 360 es el más adecuado para el sacerdocio de todos los creyentes, ya que da como resultado una iglesia que valora mucho la vida comunitaria, el liderazgo participativo y la contribución de todos. En vez de medir el éxito por cuánta gente llega el domingo a la reunión, nos enfocamos en cuántos están

> **Si el énfasis bíblico está en la iglesia relacional en misión, entonces nuestra prioridad debería estar allí también.**

involucrados en restaurar la ciudad a la que sirven. No vemos a las personas como lagos estancados, sino como ríos que llevan el torrente del amor y la gracia de Jesús, y los diseminan allí donde están. No tratamos de quitar a la gente del ambiente en el cual se mueven para que vengan a servir en la siempre necesitada estructura de crecimiento interno de la iglesia. Por el contrario, los empoderamos para que se involucren, cada uno con sus dones y su vocación particulares, sirviendo, liderando y creando; en sus hogares, en sus trabajos, en la universidad o en su vecindad, y siendo portadores del amor y la bondad tangible de Dios en medio de la comunidad.

Si el énfasis bíblico está en la iglesia relacional en misión, entonces nuestra prioridad debería estar allí también. Nuestro esfuerzo principal debería ser invertir en el crecimiento integral (la madurez en Cristo) de cada oveja que pertenece al rebaño de Cristo. ¿Cómo se hace esto? Sembrando la Palabra de Dios y regando el terreno. Este es un trabajo espiritual que requiere acercamiento personal, cuidado pastoral, conversaciones profundas y consejería. Se nutre con amor, paciencia, oración e instrucción bíblica profunda y práctica.

Esa es nuestra parte.

Luego Dios hará su parte, que es bendecir esta labor y darle el crecimiento.

CAPÍTULO 10

EL DISCIPULADO SUCEDE EN LO PEQUEÑO

"Un discípulo o aprendiz es simplemente alguien que ha decidido estar con otra persona, en las condiciones adecuadas, para volverse capaz de hacer lo que esa persona hace o convertirse en lo que esa persona es".
Dallas Willard

Si observamos con atención a los líderes de hoy, veremos que la mayoría de sus esfuerzos se centran en llegar a las multitudes. Los líderes "exitosos" son los que hablan en grandes conferencias, publican libros que tienen muchas ventas, y son fantásticos en el uso de las redes sociales. Es entendible. Ellos quieren extender su influencia a tantas personas como sea posible, y no hay nada de malo en ello. Sin embargo, Jesús tenía una estrategia de discipulado muy diferente. Su objetivo no eran las multitudes ni la popularidad. De hecho, por extraño que parezca, él desalentó activamente la publicidad. En más de una ocasión, después de realizar un milagro asombroso, les dijo a quienes lo habían presenciado que no le contaran a nadie lo que habían visto (Mateo 8:4; 16:20; 17:9; Marcos 7:36; 8:30; 9:9; Lucas 5:14 y 8:56).

Jesús se centró en la verdadera profundidad y en el impacto a largo plazo. ¡Y la estrategia de discipulado de Jesús evidentemente funcionó bien! ¡En tan solo una generación, sus discípulos pusieron el mundo patas para arriba! Fíjate por ejemplo en este verso:

"Al no hallarlos allí, arrastraron fuera a Jasón y a varios creyentes más y los llevaron ante las autoridades de la ciudad. —Los que trastornan al mundo andan por la ciudad —gritaron—".Hechos 17:6

¿Cómo sucedió esto?

El sociólogo Edward Hall describe cuatro espacios de pertenencia que cada uno de nosotros necesitamos para florecer como seres humanos: el espacio íntimo, el espacio personal, el espacio social, y el espacio público. Y estos cuatro espacios pueden verse claramente reflejados en el modelo de discipulado que Jesús implementó en el primer siglo, y que literalmente revolucionó el mundo entero hasta el día de hoy.

¡Jesús comprendió estos espacios mucho antes de que los sociólogos los descubrieran! Por eso, Él utilizó una estrategia de discipulado que funcionaba en los cuatro espacios:

Confió en los 3,

    entrenó a los 12,

        movilizó a los 70

            y habló en parábolas a las multitudes.

La mayoría de los que estudian los movimientos sociales y espirituales con la esperanza de ver el Evangelio llegar a los confines de la tierra están de acuerdo en que la clave para ver esto hecho realidad es el discipulado intencional, cercano y relacional. Cosa que tiene sentido, ya que este es el claro mandato que se encuentra en la Gran Comisión que Jesús les dio a sus discípulos y que se aplica a nosotros también:

"… Salgan y discipulen a todo el que se encuentren, lejos y cerca, en este modo de vida, marcándolos por medio del bautismo en el triple nombre: Padre, Hijo, y Espíritu Santo. Luego instrúyanlos en la práctica de todo lo que yo les he ordenado a ustedes. Yo estaré con ustedes mientras hacen esto, día tras día tras día, hasta el fin de los tiempos". Mateo 28:19-20 (trad. y adapt. de la Biblia The Message)

El discipulado no sucede en el individualismo, sino en la interdependencia. Y para pasar desde la independencia a la interdependencia, los programas de grupos pequeños no son suficientes. La clave está en una comunidad sucediendo en diferentes espacios. Eso es ser iglesia. Y si te fijas bien, cada uno de estos espacios nos ofrece algo que los demás no pueden darnos...

> **El discipulado no sucede en el individualismo, sino en la interdependencia.**

LOS 4 ESPACIOS DE PERTENENCIA

El espacio íntimo

El espacio íntimo de Jesús estaba compuesto por Pedro, Jacobo y Juan. Con ellos compartió salidas especiales (Mateo 17:1), los llevó consigo al apartarse para orar (Lucas 9:28), y les mostró cosas que no les mostró a los demás (Mateo 17:2; Marcos 5:37-43). También les permitió presenciar su mayor gloria (Marcos 9:2-3) así como sus más profundas angustias (Marcos 14:33-34).

El concepto clave de este espacio es *la vulnerabilidad.*

¿Quiénes lo conforman? Entre dos a cuatro amigos cercanos, los más íntimos, aquellos con los que podemos ser más vulnerables.

En este espacio podremos compartir nuestros sueños, experiencias, sentimientos, pensamientos, e incluso nuestras debilidades y tentaciones, con unos pocos amigos cercanos de nuestra elección, que seguramente sean las personas de más confianza dentro de nuestro espacio personal.

El espacio personal

Jesús eligió a un grupo de doce discípulos para que estuvieran con Él (Marcos 3:14a). Nótese que para Jesús, el espacio personal era solo por invitación. Este era un grupo cerrado, diseñado para un discipulado y una rendición de cuentas más profunda. Luego de elegir a sus doce discípulos, Jesús compartió con ellos su vida diaria, les enseñó, los entrenó, y también les encargó tareas (Marcos 3:14b-19). Tal como lo haría el apóstol Pablo años después, Jesús derramó sobre ellos su propia vida (1 Tesalonicenses 2:8). Debido a esto, más tarde les pudo confiar el poder para hacer el mismo trabajo que Él había hecho. ¡Incluso les prometió que harían obras más grandes que Él! (Juan 14:12-14).

El concepto clave de este espacio es *la rendición de cuentas y la responsabilidad mutua*.

¿Quiénes lo conforman? Entre seis y doce personas, aquellas con las que crecemos. Si eres pastor, probablemente lo conformarán los pastores generacionales o el equipo pastoral.

En este espacio, la cercanía nos proporciona la posibilidad de sumergirnos en un compromiso relacional más profundo. La dinámica relacional en este espacio gira alrededor de ser responsables cada uno por el crecimiento de los demás, y de rendirnos cuentas mutuamente.

La esencia de la Iglesia es ser y hacer discípulos, y Jesús nos muestra que esto tiene lugar en el espacio personal, el espacio formado por aquellas personas a quienes estamos ayudando a crecer en su caminar espiritual mientras edificamos juntos el cuerpo de Cristo.

El espacio social

Este es el espacio que el Nuevo Testamento denomina *"oikos"*, un término griego que me gusta traducir como "ambientes familiares de fe". En el contexto de la sociedad grecorromana se consideraba a este espacio formado no solo por quienes habitaban bajo un mismo techo, sino también por sus familias extendidas, amigos y conocidos. De hecho, este es el tamaño de la membresía promedio de una "iglesia en casa" del Nuevo Testamento, como las que menciona Pablo (comunidades que se reunían como el cuerpo de Cristo en diversas casas por toda la ciudad). *Oikos* es la red de relaciones cercanas, y constituye el fundamento de la sociedad.

El concepto clave de este espacio es *la disponibilidad*.

¿Quiénes lo conforman? Son esas veinte a cincuenta personas con las que compartimos nuestras vidas y son como la familia extendida. Si eres pastor, probablemente lo conformarán tu equipo pastoral así como también otros círculos, incluidos los facilitadores que mencionamos en el capítulo anterior.

El espacio social nos proporciona un ambiente fructífero para ser comunidad y vivir la misión. Este es un espacio relacional cercano y tangible. Es lo suficientemente pequeño como para que la gente experimente la comunidad auténtica, pero lo suficientemente grande como para movilizar a las personas hacia la misión.

El espacio social es el espacio principal para crecer y multiplicarse, porque es el que genera el ambiente propicio para la formación y la misión de la comunidad. Si bien la instrucción se lleva a cabo en el espacio personal, las personas también aprenden por imitación a medida que construyen juntas el espacio social. Si el discipulado solo involucrara la instrucción, no funcionaría. La mayoría de las personas aprenden *haciendo* lo que nosotros *hacemos*, y no solamente escuchando lo que nosotros decimos. Por ello, el discipulado debe llevarse a cabo en un espacio lo suficientemente pequeño como para que podamos enseñar también con el ejemplo. Aunque pertenecían al círculo íntimo y personal de Jesús, los discípulos no vivían vidas aisladas del resto de la comunidad. Ellos vivían en medio del espacio social, que estaba abierto para otros.

El espacio público

Jesús también enseñó a las multitudes. Sí, Jesús tenía un ministerio público, y en ocasiones habló frente a miles de personas. Sin embargo, las multitudes no fueron nunca el enfoque principal de su ministerio. Cuando habló frente a miles, Jesús enfrentó el *statu quo*, sacudió la sensibilidad de sus oyentes, y frecuentemente enseñó a través de parábolas, dejando a la audiencia perpleja y con muchas preguntas. Su objetivo era cambiar su paradigma y hacerlos pensar. Pero no fue a las multitudes a quienes les dejó la Gran Comisión para transformar el mundo. Debemos recordar siempre que liderar a las masas puede alimentar nuestro ego, pero no garantizará un impacto que nos sobreviva.

El concepto clave de este espacio es *la visibilidad*.

¿Quiénes lo conforman? Este espacio involucra a setenta o más personas. Si eres un pastor, tu espacio público será tu congregación.

Que alguien asista regularmente al espacio público no es garantía de un discipulado profundo.

En el espacio público, la comunicación es de una sola vía. Alguien enseña, y los demás escuchan. Es ideal para inspirar, para animar y estimular la imaginación de las personas a que entren a los otros espacios relacionales, mientras celebran su fe, aprenden la palabra y alimentan la misión. Pero no es el lugar en el que recargamos nuestra alma, ni en el que participamos del discipulado encarnacional viviendo la misión cotidiana. En el espacio público la gente espera mantener cierta distancia y anonimato. Ellos prefieren observar desde la distancia sin rendir cuentas.

Por alguna razón, este espacio es al que más atención solemos darle en la mayoría de las iglesias, ¡sin darnos cuenta de que es el único de los cuatro que mencionamos que resulta impersonal! Los modelos que se enfocan en este espacio intentan atraer a la gente a través de una enseñanza llamativa y una adoración dinámica con la finalidad de que las personas desde allí se conecten con la comunidad, la misión y el discipulado. El gran problema radica en que *este espacio público también otorga el permiso para una espiritualidad sin compromiso, una fe* cómoda que hace que muchos se queden navegando en la superficialidad y nunca lleguen a involucrarse en los otros tres espacios relacionales.

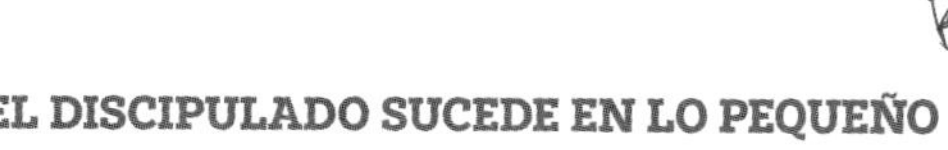

Dicho en otras palabras, que alguien asista regularmente al espacio público no es garantía de un discipulado profundo. Haciendo un cálculo estimativo, si Jesús hubiera pasado con sus discípulos ocho horas al día, todos los días, durante los tres años, de su ministerio, entonces habría pasado más de ocho mil horas con ellos... ¡y después de todo ese tiempo, ellos todavía tenían grandes asuntos que resolver en sus vidas! Visto así, creo que debería quedarnos claro que solo dos horas a la semana los domingos nunca transformarán a seguidores en verdaderos discípulos.

Si queremos ayudar a la iglesia (y a las personas) a crecer, necesitamos utilizar el espacio público para alentar a la gente a involucrarse en el trabajo de base: una comunidad muy unida y con un fuerte sentido de pertenencia, el discipulado formador de vida, y el permanente cruce de fronteras de la iglesia en misión. No perdamos nunca de vista que las verdaderas transformaciones suceden en los otros tres espacios: el íntimo, el personal, y el social.

EL DISCIPULADO RELACIONAL DE JESÚS

¿Cómo formó Jesús a sus discípulos? Del texto Bíblico podemos extraer algunas ideas. Allí vemos que Jesús...

- Tuvo retiros y tiempos especiales con ellos. (Marcos 6:30-32; Lucas 22:13-15)

- Fue ejemplo para ellos. (Juan 13:15)

- Los dejó llegar a situaciones límite, esperando para ver sus reacciones antes de intervenir. (Juan 11:21-27)

- Les explicó usando ejemplos de la vida cotidiana. (Lucas 17:5-10)

- Les planteó preguntas difíciles, y escuchó las inquietudes que ellos tenían. (Lucas 9:18-20; Marcos 4:10)

- Les delegó responsabilidades. (Lucas 10:1-9)

- Les asignó tareas difíciles. (Marcos 6:37)

- Les permitió experimentar cierto nivel de éxito. (Lucas 10:17-20)

- Les enseñó a orar. (Lucas 11:1-4)

- Fue su amigo. (Juan 15:15)

Pero tal vez el aspecto más importante sobre el cual deberíamos reflexionar es que ellos vieron a Jesús de cerca, en diferentes circunstancias de la vida cotidiana...

- Expresando alegría (Lucas 10:21).

- Angustiado (Marcos 14:34).

- Enojado (Marcos 3:5).

- Sintiéndose triste (Mateo 26:37; Marcos 3:5).

- Asombrado (Marcos 6:6; Lucas 7:9).

- Sufriendo (Lucas 12:50).

- Indignado y enfurecido (Juan 2:13-17).

- Turbado y profundamente conmovido (Juan 11:33).

- Llorando por la muerte de Lázaro (Juan 11:33-36) y por la ciudad de Jerusalén (Lucas 19:41).

- Compadeciéndose de las viudas, los leprosos y los ciegos (Lucas 7:11-15; Marcos 1:40-42; Mateo 20:30-34).

Jesús no solo les enseñó a orar sino que oró con ellos. No solo les enseñó a perdonar sino que lo vieron perdonar, incluso cuando estaba en la cruz.

Los discípulos tuvieron la oportunidad que todos nosotros hubiésemos deseado tener: la de compartir tiempo con Jesús como amigos cercanos. Los discípulos caminaron junto a Jesús por paisajes polvorientos y se sentaron a la mesa con Él. Lo vieron hacer milagros extraordinarios y también apartarse para orar. A través de cada una de estas vivencias, los discípulos fueron formados y preparados para lo que vendría. Jesús invirtió tiempo en relacionarse con ellos de una manera cercana y hasta paternal, y fue su propio carácter y su estilo de vida lo que ejerció la más grande influencia sobre sus discípulos. Jesús no solo les enseñó a orar sino que oró con ellos. No solo les enseñó a perdonar sino que lo vieron perdonar, incluso cuando estaba en la cruz. Luego, cuando se fue, les dio instrucciones precisas, confió en ellos, y les dio la enorme responsabilidad de extender el mensaje del evangelio a todas las naciones. ¿Cómo supo que podrían hacerlo? Esta es la clave: el enfoque formativo de Jesús no estaba solamente basado en impartir enseñanzas, sino en vivir y representar esas enseñanzas con su ejemplo mientras caminaba junto a ellos.

CAPÍTULO 11

AMBIENTES FAMILIARES DE FE

"Pastoreo la iglesia de más lento crecimiento en los Estados Unidos". **Mike Yaconelli**

Hacernos las preguntas correctas es muy valioso. Y creo que más importante que cuántos somos, o qué tan grande es nuestra iglesia, es preguntarnos: ¿Estamos cumpliendo con la misión que Jesús nos encomendó? ¿Estamos interesados en lo que a Dios le interesa? ¿Estamos llenando nuestros vecindarios, escuelas, negocios, nuestros pueblos y ciudades, de discípulos de Jesús?

Andy Crouch explica que, según su entender, el crecimiento y la plantación de iglesias en el futuro será bimodal. Es decir, por un lado estarán unas pocas iglesias que crecerán exponencialmente debido a un uso fantástico y excelente de la tecnología en las redes sociales. Algo así como "el que gana se queda con todo" (una vez que descubres que puedes escuchar desde tu dispositivo móvil al comunicador cristiano más espectacular del mundo entero, y que tienes acceso a esa persona todo el tiempo, ¿qué necesidad tienes de escuchar a tu pastor o a tu líder?). Ese primer lugar, dice Crouch, lo ocupará solo una persona. Es la ley del poder.

Por otro lado, él sugiere que el verdadero crecimiento de las iglesias vendrá de manera totalmente diferente: mediante la implementación y multiplicación de ambientes familiares de fe. Se trata de lugares lo suficientemente pequeños como para que nadie pueda faltar sin que alguien se dé cuenta. Aun en las familias relativamente grandes, cuando todos se reúnen para Navidad o alguna celebración especial con la familia extendida, si alguno falta seguramente alguien más lo notará. Lo mismo sucede en estos ambientes de fe que constituyen un lugar de formación. Aunque esos ambientes familiares de fe se desarrollen bajo la cobertura de comunidades de adoración que ocasionalmente se reúnan en grupos más grandes, no hay manera de transmitir una fe genuina a las siguientes generaciones a menos que sea al estilo de Deuteronomio 6: haciéndonos compañía, caminando juntos, aprendiendo juntos, hablando juntos, viviendo juntos. Lo ideal es multiplicar eso, en lugar de multiplicar la asistencia y la cantidad de sillas en salones enormes.

Es posible que tengamos preferencias personales por una clase de iglesia por sobre otra, pero deberíamos celebrar todas las iglesias de todos los tamaños y de todos los estilos.

Es probable que haya un lugar inmenso e impactante en cada ciudad, y que al cabo de unos seis o siete años vaya mutando hacia otro lugar según surja algún interés particular: un nuevo predicador de moda, una banda de adoración que esté en auge, o cosas así. Y habrá algunos aspectos que atraerán a una cierta audiencia que es la que va detrás del consumo y engrandece estas tendencias. Pero el verdadero crecimiento de la Iglesia de Cristo se llevará a cabo en los ambientes familiares de fe. La pregunta es cómo plantamos más de estos pequeños espacios de manera efectiva, y cómo los conectamos entre sí.

Ahora bien, voy a decirte lo que yo creo. Creo que necesitamos todo tipo de iglesias para alcanzar a todo tipo de personas. Y estoy cada día más enamorado de la iglesia local, sin importar su tamaño ni su forma: iglesias pequeñas, iglesias grandes, iglesias en casa, iglesias de tamaño mediano, iglesias hip-hop, iglesias tradicionales, iglesias online, iglesias denominacionales y no denominacionales, ¡e incluso algún tipo de iglesia que todavía no hemos conocido! Si una iglesia está alcanzando a los perdidos y se está multiplicando en discípulos, y si allí los nuevos creyentes se comprometen con la fe, si las personas

oran y adoran juntas, y hacen una diferencia en su comunidad, ¡entonces qué alegría es ser parte y experimentarlo con otros!

Es posible que tengamos preferencias personales por una clase de iglesia por sobre otra, pero deberíamos celebrar todas las iglesias de todos los tamaños y de todos los estilos, y más aún en estos días.

Tengamos presente que amar a Dios y amar a los demás no es una estrategia de crecimiento de la iglesia. No es un medio para un fin. Es *el* medio y *el* fin.

LAS VENTAJAS DE LAS IGLESIAS PEQUEÑAS, LOS DESAFÍOS DE LAS IGLESIAS GRANDES

Lo que hace que una familia sea sana y amorosa no tiene nada que ver con cuántos miembros tiene. Lo mismo debería suceder con la familia de Dios.

Debo confesar que hay una mentalidad que me produce profunda tristeza y que está muy presente en la iglesia de hoy, y es la de "cuanto más grande, mejor". Veo a muchas iglesias, pequeñas y medianas, que tendrían la oportunidad increíble de no verse obstaculizadas por la complejidad y los desafíos logísticos que tiene una iglesia grande, y que sin embargo a todo lo que aspiran es a parecerse a ellas.

Por otro lado, me alegra ver que tengo amigos que pastorean o sirven en iglesias muy grandes, pero que comprenden el valor de lo pequeño y se mantienen humildes ya que, por cierto, hay una tendencia natural a la arrogancia que suele estar relacionada con el "tener una iglesia grande".

Puede sonar extraño, pero las iglesias "grandes" deberían esforzarse por ser iglesias "pequeñas". Y la buena noticia es que incluso las iglesias gigantes pueden lograr este sentimiento y esta experiencia de ser "pequeños", si le otorgan a ello un valor y diseñan su estructura en consecuencia, para que las personas puedan estar en pequeñas comunidades dentro del conjunto.

Otro punto a tener en cuenta es que cada tamaño de iglesia tiene sus propios desafíos. Cuanto más grande es la iglesia, más necesario se hace enfatizar la importancia del compromiso, mientras que cuanto más pequeña es la iglesia, más importante es aumentar nuestra influencia.

En las iglesias más grandes, lograr que las personas sean menos pasivas y más comprometidas es un objetivo importante. Por el contrario, en las iglesias más pequeñas los miembros de la congregación suelen estar bastante comprometidos con la vida de la iglesia... pero esto no siempre se traduce en una mayor influencia fuera de sus muros.

Mientras que una iglesia grande tiene cierta influencia natural debido a su número de personas, las iglesias más pequeñas necesitan trabajar más duramente para aprovechar sus números más pequeños para producir una mayor influencia.

Ahora bien, las estadísticas nos dicen que el 90% de las iglesias en el mundo tienen menos de doscientas personas. ¿Y qué si eso no es malo? ¿Qué si la pequeñez de nuestra iglesia es una ventaja que Dios quiere que usemos, y no un problema que arreglar?

Cuanto más pequeña es una iglesia, más fácil resulta construir relaciones más profundas. Y es mejor tener relaciones más profundas con unas pocas personas que tener relaciones superficiales (o ninguna) con muchas personas.

Quizás, en lugar de que las iglesias pequeñas se esfuercen por ser como las iglesias grandes, las nuevas iglesias pequeñas deberían volverse saludables y vibrantes, y comenzar a liderar el camino por su cuenta sin tratar de parecerse a nadie más.

Las iglesias pequeñas necesitan pensar como iglesias pequeñas. Pero pensarse pequeñas no es lo mismo que pensar en pequeño. Y definitivamente no es una excusa para tener una visión pequeña.

No quiero generalizar, pero creo que muchos cristianos han comprado la mentira de que más grande es igual a más exitoso, y que más exitoso es lo que Dios realmente quiere. Algunos piensan que la asistencia, los edificios, y los ingresos son lo más importante para definir el éxito ministerial. Sin embargo, nuestro enfoque debe ser el crecimiento y el fortalecimiento de los discípulos, y esto se puede hacer en cualquier lugar y bajo cualquier circunstancia.

Nuestro enfoque debe ser el crecimiento y el fortalecimiento de los discípulos, y esto se puede hacer en cualquier lugar y bajo cualquier circunstancia.

"Es fácil pensar que la Iglesia tiene muchos objetivos diferentes: educación, edificación, misiones, celebración de servicios... La Iglesia no existe con otro propósito que el de atraer a los hombres a Cristo. Si no lo hace, todas las catedrales, el clero, las misiones, los sermones, incluso la Biblia misma, son simplemente una pédida de tiempo". C.S. Lewis

Una de las razones por las que las iglesias crecen es porque «el pastor conoce mi nombre». La naturaleza de la iglesia es relacional. La comunidad se genera, y el crecimiento se produce, cuando el pastor, el equipo de líderes generacionales y los facilitadores conocen los nombres de las personas. Cuando ninguno de los miembros se siente invisible. Cuando los más chicos no se sienten infravalorados. ¡Es imposible ser pastor de un grupo de personas anónimas!

CAPÍTULO 12

LADRILLOS Y CEMENTO

"La Iglesia puede tener un edificio, pero ese no es su lugar. El edificio puede ser la ubicación física de la iglesia, pero su lugar está en el vínculo humano que tejen sus personas fuera de sus cuatro paredes". **Andrew Root**

Mientras escribo este libro nuestro planeta está siendo azotado por la pandemia de COVID-19 y la OMS (Organización Mundial de la Salud) ha declarado un estado de emergencia sanitaria internacional. Muchos gobiernos han decretado diferentes medidas de aislamiento social como estrategia para disminuir el grado de contagios dentro de la población y, entre otras cosas, las reuniones de todo tipo han sido prohibidas en muchos países. Esto ha sido un shock para muchas iglesias. Sin embargo, no puedo evitar preguntarme: ¿qué tal si esta pandemia esconde el propósito de hacernos reflexionar en cuanto a si el modo en que estamos "haciendo iglesia" es el que el Señor quiere? A veces la realidad tiene una forma de hacernos reevaluar las cosas... y hoy muchos se han visto obligados a repensar su obsesión por los edificios.

El Nuevo Testamento revela la naturaleza relacional de la iglesia desde sus inicios.

La iglesia que Jesús imaginó comenzó con una estructura descentralizada. El Nuevo Testamento revela la naturaleza relacional de la iglesia desde sus inicios. Tanto en tiempos de paz como en tiempos de persecución, los creyentes hicieron la vida juntos como algo natural. Durante los primeros tres siglos, el movimiento de la iglesia primitiva floreció hasta el punto de lograr sobrevivir al

Imperio grecorromano. Y lo hizo, no a través de reuniones formales como una "institución", sino en los hogares, las plazas, el patio del templo... La iglesia floreció escuchando a las personas, identificando sus necesidades, construyendo una comunidad alrededor de esas necesidades, discipulando de manera informal, y permitiendo que la adoración fluyera desde allí. De ese modo, bajo el servicio de los apóstoles, las reuniones continuaron creciendo al tiempo que enseñaban los nuevos principios dinámicos del cristianismo.

La iglesia primitiva se extendió en un momento de innovación disruptiva. En Hechos 11:19-30 vemos a los primeros cristianos, dispersos por la persecución, comenzando una nueva forma de iglesia en Antioquía:

"Los creyentes que habían huido de Jerusalén durante la persecución después de la muerte de Esteban, fueron a parar a Fenicia, Chipre y Antioquía. A lo largo del camino fueron esparciendo las buenas noticias, pero sólo entre los judíos. Sin embargo, varios de los creyentes que fueron a Antioquía desde Chipre y Cirene, comunicaron también las buenas noticias acerca del Señor Jesús a los griegos. El poder del Señor estaba con ellos y muchas personas se hicieron creyentes y se convirtieron al Señor". Hechos 11:19-21

¡Esta iglesia se veía radicalmente diferente a la iglesia en Jerusalén! De hecho, se veía tan diferente que los líderes de la iglesia en Jerusalén enviaron a Bernabé para asegurarse de que estos fueran fieles. El versículo 23 dice: *"Cuando él llegó y vio las maravillas que Dios estaba haciendo, lleno de alegría alentó a los creyentes a permanecer fieles al Señor".*

Lentamente he comenzado a darme cuenta y a preguntarme... ¿será que en este tiempo de la historia la iglesia podrá tener nuevamente esta oportunidad en medio de la pandemia?

La vida y la forma de "hacer iglesia" cambiaron drásticamente con la conversión del emperador romano Constantino en el año 313 y la eventual legalización y proliferación política del cristianismo. Uno de los cambios más obvios fue la nueva capacidad de los cristianos de reunirse públicamente sin temor. Constantino comenzó a encargar la construcción de edificios para las iglesias, y sin duda sus motivos

eran puros y honraban a Dios. Frank Viola afirma: "Lo hizo para promover la popularidad y la aceptación del cristianismo. Si los cristianos tuvieran sus propios edificios sagrados, como los judíos y los paganos, su fe sería considerada legítima". Pero lamentablemente, desde los días de Constantino, el crecimiento de la iglesia se ha vinculado en gran medida a los edificios que habita. Por culpa de nuestro apego a los edificios físicos hemos abrazado el modelo de jerarquías centralizadas, y ahora cargamos un pesado equipaje por haber hecho del edificio el centro de nuestras dinámicas eclesiales.

La posterior diferenciación entre el clero y los laicos contribuyó también a transformar lo que entendemos por "iglesia", pasando de ser el cuerpo de Cristo que vive en una comunidad relacional, a ser una religión basada en un lugar físico y centrada en las reuniones.

> **El mejor ministerio de la iglesia siempre ocurre cuando salimos de los templos, y no cuando nos encerramos.**

Pienso que quizás la idea de desempoderar a la iglesia como movimiento descentralizado, encerrándola en edificios, haya sido una estrategia de nuestro enemigo...

A lo largo de los años, si bien los edificios han desempeñado un rol positivo y han reunido en ellos a más personas de las que podría albergar una casa, también cambiaron a la iglesia, que pasó de ser un movimiento abierto y fácilmente reproducible a ser una organización cerrada y centralizada.

Ahora bien, durante los meses de pandemia aprendimos a ministrar sin depender de los edificios en los que nos reuníamos antes. El foco, al menos en un principio, pasó a estar en temas como la transmisión en vivo de los servicios de fin de semana. Y eso estuvo bien... en un principio. Sin embargo, pronto (re)descubrimos algo que nunca más debemos olvidar. Nuestro ministerio más importante no ocurre entre ladrillos y cemento, ni entre luces y plataformas. El mejor ministerio de la iglesia siempre ocurre cuando salimos de los templos, y no cuando nos encerramos.

Esta nueva realidad creada por el virus no desaparecerá en unas pocas semanas. Los cambios económicos, psicológicos, sociales y eclesiales se sentirán durante meses, años, tal vez incluso décadas. Por lo tanto, ya no podemos permitirnos imaginar el futuro con los mismos modelos mentales que funcionaron en el pasado.

Pero no todo es tan malo como parece... ¿Qué efecto importante produjo la pandemia? Nos vimos forzados a salir de esos edificios a los que llamábamos "iglesia", y al hacerlo comenzamos a hacer lo que debimos haber estado haciendo desde siempre.

Iglesias de todos los tamaños comenzaron a interesarse por la gente. Le acercaron comida y medicinas a las personas en grupos de riesgo para que no tuvieran que salir a buscarlas. Ofrecieron apoyo, acompañamiento y oraciones de consuelo a personas asustadas y a familias enteras atravesadas por el dolor, la enfermedad, o el quebranto emocional. Amaron a sus vecinos, satisfaciendo necesidades reales, sanando heridas, y viviendo como verdaderos agentes del reino.

Poder volver a reunirnos en nuestros edificios será importante. Pero, por el bien de nuestra gente, de nuestras ciudades, y del Dios al que servimos, nuestro ministerio más fuerte debe seguir desarrollándose fuera de las paredes de los templos. Ahí es donde se cambian vidas. Ahí es donde Cristo necesita ser visto.

Algunos misiólogos llevaban décadas proclamando la necesidad de un cambio, y lo que estas voces estuvieron anunciando sin éxito durante años, una pandemia lo logró en solo cuestión de días. De alguna manera, Dios permitió que la iglesia fuera expulsada lejos de su zona de confort y empujada hacia la comunidad... El mismo lugar donde todo comenzó dos mil años atrás.

CAPÍTULO 13

DESCENTRALIZADOS

"¿Dónde está la Iglesia? No está en un edificio lleno de gente que se parece a nosotros y no está en un edificio donde ocurren reuniones religiosas programadas regularmente. Está en los hogares de las personas que no vienen a nuestras reuniones. Está sentada en sus mesas, escuchando sus historias, compartiendo el pan con ellos y entablando un diálogo humano que no se trata de un bien ensayado argumento de ventas. Allí se encuentra la iglesia, en el espacio público". Alan Roxburgh

La iglesia relacional sucede en todos lados a través de nuestra conexión con las personas, con nuestra ciudad y con la misión. Debemos pensar y actuar menos como un organismo centralizado, y más como una red de creyentes distribuida y funcionando como puentes reconciliatorios allí donde sucede nuestra vida.

La vida compartida de nuestra comunidad eclesial debe fluir cada hora de cada día durante la semana, ya sea que estemos reunidos físicamente o no. Creo que esta es una de las tendencias más emocionantes que han surgido últimamente: vemos a las iglesias enfocarse en el ministerio diario, y no solo en el ministerio dominical. Cuando se trata de discipulado y misión, cada día de la semana es igual de importante que el domingo.

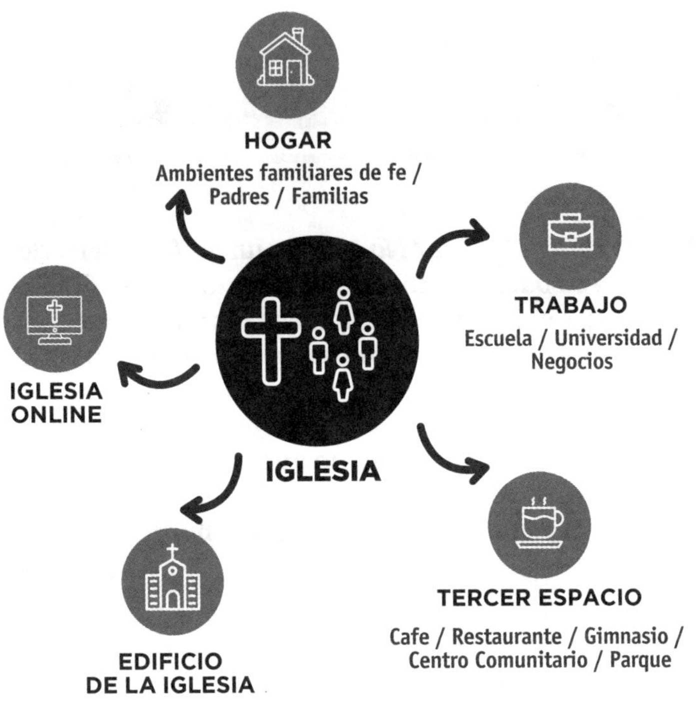

¡Pienso que es genial que las iglesias cambien su enfoque del domingo a todos los días, porque las personas necesitan encontrar la fe y vivir su fe todos los días! El modelo de iglesia que solamente consistía en reunir a la gente en un edificio para que pudieran "crecer" participando en un servicio está quedando obsoleto. Es un modelo anémico e ineficaz en la nueva realidad. La iglesia que viene es híbrida. Seguirá teniendo algunas reuniones en el edificio, pero los líderes de la iglesia funcionarán como equipadores, ayudando a las personas a llevar y experimentar su fe más profundamente en sus hogares, vecindarios y lugares de trabajo. (¡Ayudar a las personas a que asuman la responsabilidad de su propio crecimiento espiritual, del evangelismo, del discipulado, e incluso del liderazgo de sus propias familias solo puede traer beneficios a la iglesia!).

La pandemia nos sacó de un enfoque centrado en el domingo y nos obligó a estar en línea y en las redes sociales. Nos forzó al cambio, a la creatividad y a la innovación. Y todo esto nos está

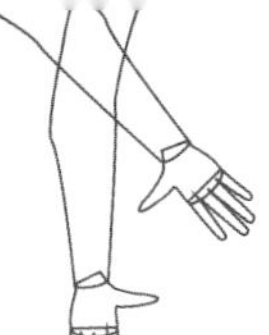

llevando a plantearnos un cambio en el enfoque del ministerio: del edificio de la iglesia a los hogares de las personas.

Esta tendencia que se está dando frente a nuestros ojos propone al hogar como el nuevo centro de vida. En la nueva realidad del trabajo remoto, de hacer las compras online y preparar la comida juntos, de tener el entretenimiento y la escuela, todo en casa, vemos que las cosas se hacen más *en* y *desde* el hogar que nunca antes. Incluso la iglesia puede ser también una experiencia online de la que se participa desde casa, con más miembros del cuerpo utilizando sus dones para beneficio de los demás, más personas sintiéndose conectadas y cuidadas, y más personas invitadas al Reino y unidas al cuerpo de Cristo porque se conectaron en línea buscando simplemente contenido, pero en cambio descubrieron una comunidad de personas preparadas, dispuestas y capaces de usar la conexión digital como un puente para la conexión y el acompañamiento de la vida real.

> **La vida compartida de nuestra comunidad eclesial debe fluir cada hora de cada día durante la semana, ya sea que estemos reunidos físicamente o no.**

Algunas iglesias están mudando a las casas actividades que solo sucedían en el edificio, repartiendo la congregación en hogares que se han transformado en ambientes familiares de fe en el vecindario. Así, el hogar no solo conecta a los miembros de la familia, sino que también se convierte en un "tercer espacio" para vecinos y amigos. En muchos sentidos, este movimiento desde el edificio hacia el hogar, el vecindario y los terceros espacios, ha llevado a la iglesia a parecerse mucho más a la iglesia que Jesús imaginó.

Hago una pausa aquí por si no estás familiarizado con el nombre de "tercer lugar" o "tercer espacio". Este término fue acuñado por el sociólogo Ray Oldenburg y apareció por primera vez en el libro *"The Great Good Place"* a fines de la década de 1980. Allí el autor describe tres "lugares" principales en la sociedad donde las personas pasan sus vidas: el primer lugar es el hogar, el segundo lugar es el

Para influir sobre aquellos que todavía no conocen a Jesús, lo más probable es que tengamos que comenzar por relacionarnos con ellos en los espacios que ellos consideran importantes.

trabajo, y los terceros lugares son los ambientes hospitalarios que cultivan la conexión social. Ejemplos de estos últimos son los restaurantes, cafés, gimnasios, clubes y centros comunitarios, e incluso la iglesia cuando está participando activamente con su edificio, abriendo las puertas a la comunidad. Muchas iglesias están transformando sus edificios en cafés públicos con internet gratis en donde la gente puede hacer reuniones de trabajo durante la semana. Otras comparten sus instalaciones con organizaciones sociales comunitarias. Otras abren un gimnasio para los jóvenes del vecindario, y otras, que tienen tierra disponible, crean jardines comunitarios en donde los vecinos pueden recoger verduras frescas para sus hogares. Estos espacios sirven como un ancla para los individuos y para las comunidades, ya que fomentan la interacción y la socialización. Múltiples estudios han encontrado, por ejemplo, que la violencia disminuye, la filantropía local aumenta, y la salud personal mejora cuando las personas participan en estos ámbitos comunitarios.

En la época de la Iglesia primitiva, el hogar, el trabajo, y las esferas del "tercer lugar" estaban estrechamente conectadas. Muchas reuniones sociales tenían lugar en el hogar, en el mercado, y en los lugares donde las personas se reunían para divertirse, socializar y participar en la comunidad. Las sinagogas también estaban pobladas de terceros espacios y la Iglesia floreció en medio de ellos.

Si vamos a tener la oportunidad de influir sobre aquellos que todavía no conocen a Jesús, lo más probable es que tengamos que comenzar por relacionarnos con ellos en los espacios que ellos consideran importantes. Los terceros lugares son oportunidades de conexión, ya que allí nos conocemos mutuamente a medida que desarrollamos conversaciones significativas. Tenemos que acercarnos a las personas en sus lugares, en sus espacios, y construir la suficiente credibilidad como para que ellos también deseen venir a nuestros lugares.

Si durante este tiempo nuestra predicación se vuelve más interactiva y se escuchan más voces compartiendo el mensaje, si vemos a personas que normalmente entraban y salían de las reuniones en el edificio sin hablar con nadie, y ahora están ayudando a otros en su comunidad, si todos los creyentes están más conscientes de las necesidades a su alrededor, compartiendo esperanza con sus vecinos, interesándose por otras personas, y orando por quienes están sufriendo, entonces hoy la *ecclesía* se parece mucho más a lo que debería ser.

PARTE 3

PRÁCTICAS

CAPÍTULO 14

BAJAR LA VELOCIDAD

"La comunidad se vuelve totalitaria cuando su único propósito es fomentar el sentido de pertenencia para superar la fragilidad del individuo solitario. La comunidad cristiana, la vida en la colonia, no se trata principalmente de estar juntos. Tiene que ver con la manera en que Jesucristo se relaciona con los que son llamados por Él. Se trata de disciplinar nuestros deseos y necesidades en congruencia con una historia real, lo que nos da los recursos para llevar una vida sincera. Al vivir la historia juntos, ocurre la unión, pero solo como un subproducto del proyecto principal de tratar de ser fieles a Jesús".
Stanley Hauerwas y William Willimon

"Una vida sencilla y tranquila aporta más alegría que la búsqueda del éxito en un desasosiego constante".
Albert Einstein

Buckminster Fuller, el arquitecto famoso por sus cúpulas geodésicas, fue también un destacado futurista y teórico de sistemas. En su libro *Critical Path* (camino crítico), Fuller hace mención a la "curva de duplicación del conocimiento". Él calculó que si se pudiera medir el conocimiento acumulado de la civilización humana, contando a partir del año del nacimiento de Jesús, se necesitarían 1500 años para que se duplicara. Pero a partir de esa fecha, se duplicó nuevamente para el año 1750. Y desde allí, se duplicó cada cien años hasta la Segunda Guerra Mundial. Luego se duplicó cada 25 años. Y en los '80 comenzó a duplicarse cada 12 meses. ¿Qué sucede en la actualidad? Algunas estimaciones indican que el conocimiento de la humanidad se duplica cada... ¡12 horas!

Dicho de otra forma, si hubieras nacido en el mismo año que Jesús, hubieras tenido que esperar un milenio y medio antes de que el conocimiento acumulado de la raza humana se duplicara, pero en cambio, si hubieras nacido hoy, el conocimiento acumulado de la raza humana se hubiera duplicado antes de la hora de la cena.

Creo que resulta bastante claro por qué a nuestra era se la llama "la era de la información". Sin embargo, aunque hoy en día tenemos más información que nunca antes en la historia de la humanidad, esto no parece garantizar que vivamos mejor. De hecho, muchos de nosotros nos sentimos más ansiosos, dispersos y distraídos que hace unas décadas. La velocidad nos ha hecho increíblemente impacientes, la gran cantidad de opciones nos ha hecho superficiales y el individualismo nos ha dejado aislados.

En el mundo actual, un mundo "estilo microondas", en el que todo sucede y pasa rápidamente, la sabiduría se parece más a la paciencia y a la voluntad de reducir la velocidad para procesar bien cada instante de nuestra experiencia humana.

El ejemplo de la iglesia primitiva desafía a la iglesia de hoy.

Por mucho que tratemos de individualizar nuestra experiencia religiosa, no podemos escapar al hecho de que Dios nos creó para que nos necesitemos mutuamente, y es cuando bajamos la velocidad que podemos conectarnos de manera individual e íntima con los demás, dándole sentido a nuestra vida de fe.

La manera de Jesús de "ser iglesia" consistía en un grupo pequeño de discípulos que comían juntos, viajaban juntos y se relacionaban con la gente de cada ciudad que visitaban. Regresar al camino de Jesús es el desafío. Abandonar nuestros propios caminos, una imperiosa necesidad.

La iglesia creció más rápido y se hizo más fuerte cuando menos apurada estaba. El compromiso con la paciencia fue la virtud

cardinal de la iglesia primitiva. La mirada no estaba puesta en obtener resultados inmediatos, sino en seguir a Jesús juntos a través de la vida, en lo que Eugene H. Peterson llamaría "una larga obediencia en la misma dirección".

El ejemplo de la iglesia primitiva desafía a la iglesia de hoy. La desafía a reducir la velocidad. A eliminar el énfasis en los números y ponerlo en la calidad, en lugar de en la cantidad. A priorizar a las personas por sobre los programas, las relaciones por encima de la eficiencia, la generosidad por encima de la escasez, la cooperación por encima de la competencia y la renovación que produce el *sabbat* por encima del activismo perpetuo.

> **A priorizar a las personas por sobre los programas.**

Todo esto implica dejar de rendirle culto a tres de las "virtudes" cardinales de nuestra cultura: productividad, eficiencia y velocidad. También requiere que podamos reimaginarnos como una comunidad de creyentes reunida y enraizada en un lugar y en un tiempo en particular. Que valoremos la estabilidad por encima de la movilidad. Que decidamos plantarnos, permanecer y crecer con otros.

El bajar la velocidad nos arraiga en el ritmo y lugar de nuestros vecindarios, y estimula nuestra imaginación con una rica visión de la vida en común, holística, interconectada y abundante, a la que Dios nos ha llamado.

Somos seres gregarios, y nuestra identidad depende siempre del sentido de pertenencia a una comunidad, a la tribu a la que va ligado nuestro destino. Seremos el fruto de ese contexto compartido.

Cultivar la comunidad en el camino de Jesús implica abrazar la lentitud, el interés por el otro, la calma, la reflexión, la paciencia, el discernimiento. Abrazar lo pequeño, estar atentos a lo que sucede a nuestro alrededor. Todo lo contrario al estilo apresurado del mundo actual, que es agresivo, estresado, superficial e impaciente.

Si revisamos los Evangelios, veremos que era muy raro encontrar a Jesús apurado, o demasiado ocupado como para detenerse y pasar tiempo personal y dedicado con alguien. El problema es que hoy en día vivimos vidas apuradas y entonces pensamos de la misma manera a la Iglesia. Debemos reducir la velocidad. El apuro es incompatible con la clase de vida que Jesús nos pide que vivamos. Cuando estamos apurados no tenemos tiempo para amar. No tenemos tiempo para escuchar, ni para compartir la vida con otros.

El problema es que hoy en día vivimos vidas apuradas y entonces pensamos de la misma manera a la Iglesia.

Cultivar la comunidad en el paciente camino de Jesús es generar los ritmos personales, tangibles y encarnacionales, en los que Dios puede transformarnos lenta y profundamente. El camino de Jesús nos llama a crear espacio en nuestros horarios, en nuestros hogares y en nuestras finanzas para lo que realmente importa. Nos llama a vivir con Jesús, a permanecer en su bondad, y a disfrutar plenamente de la vida del Reino que Él nos ofrece.

Es imposible vivir la vida que Cristo nos llamó a vivir a través de una experiencia consumista de iglesia McDonaldizada, que ofrece satisfacer todas nuestras fantasías y nos promete la luna si es necesario, reformulando el evangelio en términos de consumo (entretenimiento, satisfacción, emoción y resolución de problemas). Solo podemos hacerlo mediante la disciplina diaria de amar profunda y desinteresadamente a nuestros hermanos y hermanas, a nuestros vecinos, e incluso a nuestros enemigos.

La Iglesia nunca tuvo la intención de ser un derivado del momento cultural sino, más bien, una interrupción del mismo.

La Iglesia nunca tuvo la intención de ser un derivado del momento cultural sino, más bien, una interrupción del mismo. La iglesia no existe para competir ni para imitar al mundo, sino para ser una alternativa refrescante, única y espiritualmente transformadora. La respuesta a las abrumadoras tendencias actuales que nos asfixian

(el individualismo, la soledad y la sobreocupación) son las refrescantes actividades de la iglesia: reunirnos, orar, estudiar las escrituras y comer juntos.

> *"La iglesia es un lugar de bienvenida y risa, de sanidad y esperanza, de amigos y familiares, de justicia y de nueva vida. Es donde los indigentes vienen por un plato de sopa y los ancianos se detienen para conversar. Es donde un grupo trabaja para ayudar a los drogadictos y otro hace campaña por la justicia en el mundo. Es donde encuentras personas aprendiendo a orar, llegando a la fe, luchando contra la tentación, encontrando un nuevo propósito y poniéndose en contacto con un nuevo poder para llevar a cabo ese propósito. Es donde las personas vienen con su pequeña fe y descubren, al reunirse con otros para adorar al único Dios verdadero, que el todo se vuelve más grande que la suma de las partes". N.T. Wright*

CAPÍTULO 15

REGRESAR A LA MESA

"En el evangelio de Lucas, Jesús siempre está yendo a una comida, o está en una comida, o viene de una comida."
Robert Karris

Hace algunos años, mi esposa Carina y yo, junto a nuestros hijos Sergio y Alan, construimos una mesa rústica de cedro para el patio de casa. Desde entonces, hemos compartido allí incontables desayunos, comidas familiares y cenas con amigos. Esa mesa ha sido testigo de conversaciones profundas, de noches de lágrimas, de risas cómplices y de muchas otras memorias que quedarán grabadas para siempre en nuestro legado familiar. La construimos precisamente para eso. Para crear momentos sagrados. Para recordarnos a nosotros mismos como familia que ese espacio de comunión y encuentro es al que necesitamos recurrir permanentemente, para seguir entretejiendo nuestra historia juntos.

Es bien sabido que las tradiciones y costumbres tienen un significado simbólico importantísimo en la vida de las personas. Producen el deseo de volverlas a repetir una y otra vez. Se valoran tanto precisamente porque nos llevan a un lugar compartido, a un lugar de conexión, en donde construimos memorias que se incrustan en nuestro presente y que permanecerán con nosotros por el resto de nuestras vidas.

Durante siglos, el compartir comidas en familia y con amigos ha sido una de las principales tradiciones familiares y sociales, incluso en las culturas más diversas. Lamentablemente, la riqueza de esta práctica formativa ancestral de comer juntos en familia se ha diluido en los últimos tiempos debido a que tenemos una vida cada vez

¡Qué importante es que animemos a las familias de la iglesia a regresar a la dinámica de comer juntos!

más ocupada, con la necesidad de trabajar más horas y estar más tiempo fuera de casa, y debido también al incremento en el uso de la tecnología. En las familias de hoy cada uno anda por su lado, y sentarse juntos alrededor de la mesa es un desafío. Sin embargo, varios estudios recientes han confirmado lo que ya sabíamos intuitivamente desde hace mucho tiempo: comer con otros nos mantiene más saludables, más felices y mejor conectados. El individualismo y la prisa del mundo actual nos están robando eso tan sagrado que sucede cuando nos sentamos a la mesa con nuestros seres queridos.

En este contexto, ¡qué importante es que animemos a las familias de la iglesia a regresar a la dinámica de comer juntos! ¿Para qué? Para practicar la fe, para informar, para enseñar e instruir. Para integrar la oración, la tradición, las Escrituras y los rituales en las rutinas de una familia normal y ocupada.

Esto es algo que promovemos constantemente en nuestra comunidad de fe. Obviamente, como toda cosa importante, esto demanda hacerlo con intención y disciplina. Por eso, animamos a que cada familia pueda organizar sus horarios para coincidir y tener al menos una comida juntos al día, o todas las que se puedan durante la semana. Este ritual le dará identidad y sentido a nuestra vida familiar.

Una comida compartida no es algo pequeño, no es algo menor. Es el fundamento de la vida familiar. La mesa da identidad y sentido de pertenencia; es una invitación al diálogo y al encuentro. Es el lugar donde nuestros hijos aprenden el arte de la conversación y en el que adquieren hábitos civilizados, como compartir, escuchar, respetar turnos para hablar, expresar las ideas con palabras, navegar las diferencias y discutir sin ofender ni ofenderse. Incluso su vocabulario se incrementa a medida que se aprenden nuevas palabras y nuevos conceptos de otros miembros de la familia.

La mesa familiar es una escuela. Una en la que no solo aprendemos el arte de la conversación, sino que también aprendemos a pensar y

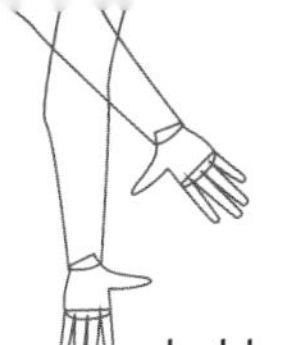

hablar el lenguaje de nuestra familia. Es un espacio donde el discipulado y el crecimiento espiritual pueden tener un lugar predominante.

Comer juntos nos proporciona un espacio seguro para la conexión. Cuando los niños pueden contar regularmente con un tiempo junto a sus padres o adultos, eso los ayuda a sentirse amados, seguros y protegidos. También es un lugar propicio para enseñar a los niños sobre los valores y las tradiciones familiares.

La mesa familiar es una escuela.

En la mesa familiar aprendemos a disfrutar de la compañía del otro. Debemos recordar que la hora de la comida no es para disciplinar o tener conversaciones difíciles. Elijamos otro momento para eso. A la hora de comer, mantengamos conversaciones positivas, conversaciones de fe. Animemos a los niños a hablar sobre su día. Todo esto contribuirá a fortalecer la comunicación entre los miembros de la familia.

Hay estudios que muestran que los adolescentes que comen con sus familias por lo menos cinco veces a la semana:

- Son menos propensos a las adicciones.

- Son menos propensos a la depresión.

- En el 40% de los casos obtienen mejores calificaciones.

Otra investigación nos muestra que en cada comida adicional en familia, los adolescentes tienen:

- Mayor autoestima y satisfacción con la vida.

- Una mejor conducta, de confianza y servicial, hacia los demás, y una mejor relación con sus padres.

- Mejor vocabulario y rendimiento académico.

- Mejor resistencia al estrés.

- Menores tasas de embarazos no deseados y de ausentismo escolar.

Muchos de estos beneficios se explican porque comer con los padres fortalece los lazos afectivos y mejora la comunicación, clave para evitar conflictos y violencia intrafamiliar. A la vez, genera sentido de aceptación, haciendo posible que los hijos no necesiten buscar aprobación en las personas equivocadas.

¡La familia que come unida permanece unida!

MENOS BANCAS Y MÁS MESAS

"Pero el evangelio no necesita una coalición dedicada a mantener fuera a las personas equivocadas. Necesita una familia de pecadores, salvados por la gracia, comprometidos a derribar los muros, abrir las puertas y gritar: «¡Bienvenidos! Hay pan y vino. Vengan a comer y a conversar con nosotros». Este no es un reino para los dignos; es un reino para los hambrientos". Raquel Held Evans

Calculo que tendría unos 8 años; aún lo recuerdo vívidamente. Junto a mi hermana y nuestros compañeros de travesuras del vecindario esperábamos ansiosos los regalos que llegarían durante la medianoche de Navidad. Pero lo más especial de ese día era esto: todo el barrio cortaba la calle, colocando autos cruzados en las esquinas para que la calzada, usualmente transitada, tomara la forma de un gran comedor. Cada familia sacaba una mesa y sillas, que se ordenaban en el medio de la calle, una pegada a la otra, y esa mesa de más de cincuenta metros de largo reunía a todos los vecinos de la cuadra. Los pobres y los ricos. Los que tenían hijos y los abuelos solos. Los niños, los jóvenes y los adultos, todos nos sentábamos alrededor de esa mesa compartiendo la cena de Navidad como una sola familia.

Sucede algo muy especial y de vital importancia al comer juntos. Tal vez por eso fue una parte importante de la experiencia de la iglesia primitiva:

"Todos los días se reunían en el templo y en los hogares, compartían los alimentos con regocijo y sencillez de corazón..." Hechos 2:46

El compartir la mesa crea un espacio donde la vida conversacional de la comunidad de la iglesia puede florecer. Compartir una comida

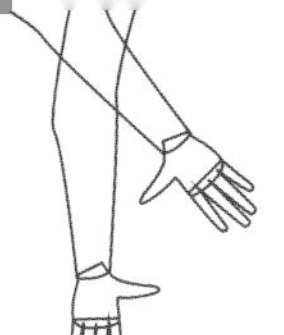

"ablanda la tierra del corazón" y genera un lugar de reconciliación, de acercamiento, en el que encuentran expresión la gracia, el perdón, la sanidad y la restauración. La comida se asocia con gratitud, generosidad, hospitalidad, unión, empatía, compasión y celebración. En pocas palabras, sentarse a compartir una comida ayuda a fortalecer los lazos de unidad entre las personas. Es una forma tangible de compartir nuestras vidas.

El compartir la mesa crea un espacio donde la vida conversacional de la comunidad de la iglesia puede florecer.

Tomarse el tiempo para calentar el pan, compartir un plato y pasar un par de horas juntos, de a poco nos va corriendo de nuestro enfoque centrado en nosotros mismos, para involucrar a Dios y a nuestro prójimo. La mesa es un lugar donde hablamos de nuestras diferencias, compartimos los altibajos de la vida, construimos confianza y creamos un espacio para los demás... y entonces, lentamente, nos convertimos en el pueblo único de Dios.

Muchos esperaban que Jesús viniera con fuerza a derrotar a sus enemigos, y a reivindicar a su gente. En cambio, Él vino a compartir comidas. No es de sorprenderse que sus detractores lo llamaran "comilón" y "borracho". Sin embargo, las Escrituras nos dan numerosos ejemplos de comidas que fueron momentos fundamentales de cambio en las vidas de quienes las compartían con Jesús. De hecho, algunas de las historias más importantes de la Biblia tuvieron lugar en el contexto de una comida. Se creaba un ambiente de relación y de conexión como ningún otro. Y nadie lo sabía mejor que Jesús mismo.

¿Qué sucedería si cambiáramos las bancas por mesas? ¿Qué ocurriría si pensáramos el espacio íntimo de las comidas como el lugar más efectivo para que ocurra el discipulado? No estoy proponiendo una cena en el edificio de la iglesia como la única forma de hacerlo, ni necesariamente como la mejor manera. ¿Qué pasaría si en nuestros grupos pequeños, reuniones caseras o juntadas en el patio nos reuniéramos alrededor de una mesa para comer juntos?

Esta una de las formas en que los cristianos de todo el mundo están encontrando a la iglesia de una manera nueva y fresca.

¿Qué se necesita? Una o varias mesas, algo de comida, una liturgia básica, un espíritu acogedor, mucha oración, paciencia y gracia. Y la voluntad de experimentar comunidad con un grupo de amigos mientras juntos orientamos nuestras vidas alrededor de Jesús.

Comer juntos es una práctica que despierta el interés de cristianos y no cristianos por igual.

Es simple y asequible.

Es una práctica que Jesús utilizó con sus discípulos.

Es una práctica que los Padres de la Iglesia desarrollaron para alcanzar y discipular a los creyentes de todo el mundo antiguo.

Una comida, música y mensaje.

El compartir la mesa como una manera de ser Iglesia reformula un evento cotidiano y le da un significado teológico.

Mucho de la iglesia que viene girará alrededor de la mesa.

Jesús no compartió sus comidas únicamente con un determinado tipo de personas. Desde sus propios discípulos hasta recaudadores de impuestos y fariseos, Jesús compartió la mesa con personas muy diferentes entre sí. Había, y sigue habiendo, espacio para todos en la mesa de Jesús.

En el corazón del cristianismo hay, además, un acto central que involucra el comer juntos: La Cena del Señor, mencionada en los cuatro Evangelios y que Pablo describe en su primera carta a los Corintios. Es uno de los pocos rituales del Nuevo Testamento que se nos ordena practicar. La iglesia primitiva entendió que la cena que Jesús bendijo esa noche, y que instituyó como la manera en que debían recordarlo, representaba una comida común y corriente que compartimos juntos. El compartir la mesa como una

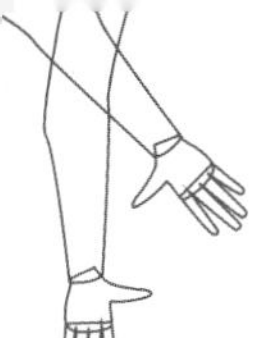

manera de ser Iglesia reformula un evento cotidiano y le da un significado teológico.

La vida es la superposición entre nuestra existencia individual y nuestra experiencia colectiva. Quizás recuperando la práctica ancestral de comer juntos, nuestras iglesias puedan florecer creando nuevos espacios de vida conversacional.

PRACTICAR LA HOSPITALIDAD

"Practicar la hospitalidad significa principalmente crear espacios libres en donde el extraño pueda entrar y convertirse en un amigo en lugar de un enemigo. La hospitalidad no se trata de cambiar a las personas, sino de ofrecerles un espacio en donde el cambio pueda ocurrir. No es para convencer a los demás de que piensen como nosotros, sino para ofrecer libertad, a pesar de las diferencias que nos dividen". Henri Nouwen

La iglesia relacional es inclusiva, no exclusiva. La hospitalidad es la práctica de la "bienvenida". Practicar la hospitalidad implica ofrecer invitación, inclusión, abrazo, y un sentido de pertenencia a todos los que nos rodean. Implica aceptar el desafío de hacer espacio para acoger la "alteridad", con todas las dificultades, riesgos y desafíos que esto conlleva. En este sentido, la hospitalidad es una expresión de la gracia que hemos recibido de Dios.

"Así es el Reino de Dios: un grupo de marginados y bichos raros reunidos en una mesa, no porque sean ricos, dignos o buenos, sino porque tienen hambre, porque dijeron que sí. Y siempre hay espacio para alguien más". Rachel Held Evans

Quizás la forma más íntima de generosidad sea la hospitalidad. En ella compartimos los abundantes recursos que Dios nos ha dado dentro del contexto de las relaciones humanas, abriendo los edificios de nuestra iglesia, nuestros hogares y nuestras cenas familiares, para recibir a nuestros vecinos y al extraño.

El primer desafío de este aspecto tal vez sea el tema de la inclusión: Si queremos ser un pueblo que se reúne alrededor de la

La hospitalidad es una expresión de la gracia que hemos recibido de Dios.

mesa, ¿quién está invitado a sentarse allí?

"Luego, Jesús le dijo al que lo había invitado: -Cuando des una comida o una cena, no invites a tus amigos ni a tus hermanos ni a tus familiares ni a tus vecinos ricos, porque cuando ellos te devuelvan la invitación, habrás recibido tu recompensa. Lo mejor es que cuando des un banquete, invites a los pobres, a los inválidos, a los cojos y a los ciegos. Así serás dichoso, pues ellos no tienen con qué recompensarte, pero tú serás recompensado cuando resuciten los justos. Lucas 14:12-14

Para los seguidores de Jesús, la hospitalidad ciertamente incluía dar la bienvenida a familiares, amigos y hermanos en la fe, pero siempre implicaba más que eso. La bienvenida y la gracia que habían experimentado en Cristo fue el modelo para su hospitalidad con los extraños. Como resultado, los creyentes hicieron un esfuerzo especial por acoger a los pobres, enfermos y discapacitados.

Durante siglos, ser hospitalarios ha sido una parte importante de la identidad cristiana. Pero tristemente parece ser una costumbre que se está perdiendo...

"Los cristianos pasan demasiado tiempo «decidiendo» quién no puede ser incluido en la cena. En contraste, creemos que es nuestra responsabilidad y privilegio como seguidores de Jesús agregar sillas a la mesa, no quitarlas, casi obligando al Huésped a hacer más espacio mientras esparcimos con entusiasmo las buenas nuevas de la abundante hospitalidad de Dios entre nuestros vecinos. Así como Jesús frecuentaba las comidas y fiestas de sus vecinos, nosotros también deberíamos tener como prioridad comer y relajarnos a menudo con ellos". Christopher Smith y John Pattison

¿Quiénes son los extraños en nuestra comunidad que necesitan ser recibidos? ¿Qué estamos haciendo en nuestra vida personal, familiar y como comunidad para ser hospitalarios?

El filósofo suizo-británico Alain de Botton sugiere incluso que compartamos comidas con aquellos que no están de acuerdo con nosotros:

"Sentarse en una mesa con un grupo de desconocidos tiene el incomparable y extraño beneficio de hacer un poco más difícil odiarlos con impunidad. Los prejuicios y las luchas étnicas se alimentan de la abstracción. Sin embargo, la proximidad que requiere una comida -algo como repartir platos, desplegar servilletas al mismo tiempo, incluso pedirle a un extraño que le pase la sal- trastorna nuestra capacidad de aferrarnos a la creencia de que los forasteros que llevan ropa inusual y hablan con acentos distintivos merecen ser enviados a casa o asaltados. A pesar de todas las soluciones políticas a gran escala que se han propuesto para saldar el conflicto étnico, hay pocas maneras más eficaces de promover la tolerancia entre vecinos sospechosos que obligarlos a cenar juntos".

La distancia genera tribalismo y hostilidad. A medida que nos acercamos más, a medida que aumenta el sentido de proximidad, también aumenta la capacidad de comprensión. Abraham Lincoln dijo cierta vez: *"No me cae bien ese hombre, debo conocerlo mejor".*

A medida que aumenta el sentido de proximidad también aumenta la capacidad de comprensión.

Gran parte de la división de opiniones reinante en la cultura de hoy, de la polarización, de la imposibilidad de ponernos de acuerdo, de ni siquiera escucharnos, quizás tenga que ver con que dejamos de comer juntos en la familia, y tampoco compartimos la mesa en la iglesia. Hemos olvidado el arte de la escucha, y la posibilidad de exponer nuestras ideas y posturas de manera amable y educada. Estos son hábitos que se aprenden, primordialmente, alrededor de una mesa.

EL ARTE DE LA ESCUCHA

"El primer servicio que uno le debe a otros en la comunidad consiste en escucharlos". Dietrich Bonhoeffer

Las dinámicas de la vida encarnada incluyen aprender a escuchar bien, para amar bien a las personas. Encarnarnos es dejar literalmente nuestra zona de confort para encontrarnos con las personas donde ellas están. Hay algo en el acuerdo de clima y de ritmos de una hermosa conversación que nos calma, nos fusiona y nos transfigura.

Desarrollar el hábito de la escucha es vital para lograr conexiones saludables en el ámbito de la familia y de la iglesia relacional. Es el mejor regalo que los padres pueden hacerles a sus hijos (y, en general, el de todos los adultos de la iglesia a los más chicos). También es el mejor regalo que puede hacerle un esposo a su esposa, y viceversa.

Todos conocemos el siguiente versículo:

"Mis queridos hermanos, pongan atención: Todos ustedes deben estar listos para escuchar, pero deben ser lentos para hablar y para enojarse". Santiago 1:19

Sin embargo, pocos hemos tenido la experiencia de que se nos escuche realmente de verdad, ¿no es así? El problema es que escuchar no es una cualidad innata de casi ninguna de las personas que conozco (y me incluyo). A veces, solo escuchamos una parte de lo que nos están diciendo, mientras en nuestra mente ensayamos respuestas, en lugar de introducirnos en el mundo del otro y en lo que siente. En otras ocasiones estamos demasiado ocupados contradiciendo, corrigiendo, juzgando o refutando, como para comprender realmente lo que la otra persona nos está diciendo. Esto ocurre especialmente cuando estamos apurados o bajo presión, cosa que en la vida moderna sucede muy a menudo.

Hay un cambio cuando aprendemos a escuchar de verdad las historias y los corazones de los demás. Entonces, las personas se sienten apreciadas, valiosas y amadas. La mayoría de nosotros estamos siempre listos para dar consejos, algo bueno y necesario, pero debemos recordar que es importante, antes de dar un consejo,

el ponernos en el lugar del otro, y para ello es imprescindible escuchar bien lo que la persona nos está compartiendo.

Conversar es sintonizar la frecuencia del otro. Cuando lo escuchamos, intentamos entrar en el mundo de esa persona, dejando a un lado nuestras preguntas, agendas y actitudes defensivas; simplemente buscamos comprender la experiencia del que nos habla.

Practicar el modelo de la escucha reflexiva es atender e ir repitiendo lo que vamos entendiendo de lo que escuchamos decir a la otra persona. Esto nos mantiene enfocados en la escucha y nos ayuda a introducirnos en el mundo del otro, para que en este ámbito seguro y de respeto, pueda expresarse de manera sincera.

"Ser escuchado está tan cerca de ser amado que para la persona promedio, casi no se distinguen". David Augsburger

Algunas ideas para escuchar bien:

- Hacer un esfuerzo por introducirnos en las experiencias de vida de la otra persona.

- No presumir conocer lo que la otra persona trata de comunicar.

- Escuchar más de lo que hablamos.

- Escuchar no solo lo que las personas dicen sino sus indicios no verbales, su lenguaje corporal, su tono de voz, etc.

- Prestar completa atención a las personas cuando nos hablan.

- Ser capaces de corresponder los sentimientos de la otra persona y validarlos con empatía.

- Estar conscientes de los mecanismos primarios de defensa cuando estamos bajo estrés, tales como acallar, culpar, resolver los problemas prematuramente, o distraernos.

- Pedir aclaraciones cuando no estamos seguros de algo que nos dice la otra persona, en lugar de tratar de llenar los espacios vacíos.

- No suponer nada, especialmente nada negativo, a menos que la persona que habla lo afirme con claridad.

- Hacer preguntas cuando escuchamos, en lugar de intentar leer la mente, adivinar, o hacer suposiciones.

- No interrumpir.

Se requiere humildad para participar en una conversación que no nos tiene a nosotros en el centro de la historia, o en la que se habla de cosas que no nos interesan. La comunión es precisamente eso: hacerle saber al otro que nos importa tanto que estamos interesados en escuchar su historia.

La distracción es el principal problema espiritual en la cultura contemporánea. Cuando estamos perpetuamente distraídos, no podemos discernir la voz del Señor.

Debemos hacer el esfuerzo y tener la intención de estar presentes junto a las personas que Dios ha puesto frente nuestro. Estar presentes en la familia, estar presentes cuando estamos con amigos, estar presentes incluso cuando estamos con personas que no piensan como nosotros. El mejor regalo que podemos ofrecerle a cualquier persona es brindarle nuestra completa atención.

"El que no sabe escuchar detenida y pacientemente a los otros hablará siempre al margen de los problemas y, al final, ni se dará cuenta de ello. El que piensa que su tiempo es demasiado valioso para perderlo escuchando a los demás, jamás encontrará tiempo para Dios y el prójimo. Solo lo encontrará para sí mismo, para su palabrería y sus proyectos personales". Dietrich Bonhoeffer

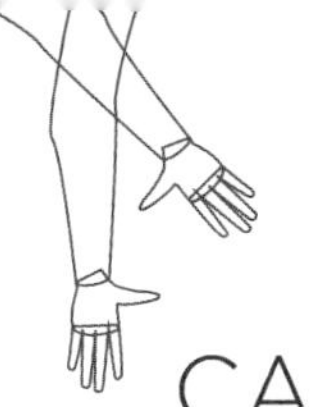

CAPÍTULO 16

ABRAZAR LA INCOMODIDAD

"Dios pudo haber formado una iglesia perfecta; eligió en cambio establecer una que fuera humana".
John Henry Newman

"La comunidad no se trata de conformidad entre personas iguales. La Iglesia es el experimento social de Dios que cambia el mundo para unir a todo tipo de personas diferentes. Las diferencias no deben despreciarse, sino ser bienvenidas. Las alternativas deben celebrarse. La iglesia debe ser una comunidad de diferentes, no una comunidad de iguales". Scott McKnight

El apóstol Pablo escribió una de las líneas más brillantes en la historia de la humanidad, que explica el plan maestro del "experimento social" de Dios llamado Iglesia:

"Ya no importa si eres judío o griego, esclavo o libre, hombre o mujer. Todos ustedes son uno solo en Cristo Jesús". Gálatas 3:28

La visión de Pablo no consistía solamente en llevar a los gentiles a la familia de Dios, sino reunir a todo tipo de personas, sin distinciones étnicas, de clases sociales, socioeconómicas o de género.

Es complejo para nosotros comprender el contexto de este verso en medio del mundo romano antiguo. ¡Las personas en estas nuevas iglesias en las casas eran tan diferentes entre sí que es difícil poderlo imaginar! Los esclavos romanos y los dueños de talleres no estaban acostumbrados a sentarse a la mesa y rezar con judíos observadores de la Torá, y los judíos no estaban acostumbrados a

Existe una correlación inversa entre el confort y el ser una comunidad vibrante.

leer las Escrituras con prostitutas o trabajadores migrantes. La única forma de poder compartir y ser una familia era que cada persona aprendiera verdaderamente a amar a los demás.

¿Qué tanto de diferente podemos tolerar en nuestra iglesia local hoy en día?

La Iglesia ya de por sí es compleja, por ser la manifestación del "ya somos, pero todavía estamos en proceso" del Reino de Dios. Así, la iglesia del primer siglo, como la de hoy, estaba compuesta por personas habitando en la grieta entre la bondad del Reino y la maldad del mundo. Por eso, esa iglesia predicaba la gracia, el perdón y el crecimiento en el amor y la santidad.

La iglesia es una comunidad de contrastes y es también la escuela de amor de Jesús.

Estas verdades fueron y siguen siendo revolucionarias. Y hay una realidad que debemos tener bien en claro: existe una correlación inversa entre el confort y el ser una comunidad vibrante. Cuando la iglesia es cómoda y no se diferencia en nada de la cultura imperante, se vuelve débil. Por el contrario, cuando es incómoda y contracultural, muestra su mejor versión. ¡Imaginemos juntos una iglesia en donde todos se sientan seguros, pero nadie se sienta cómodo!

La iglesia es una comunidad de contrastes, y es también la escuela de amor de Jesús. Así fue desde el principio, cuando la iglesia se reunía como una familia, más allá de sus diferencias. Viviendo incómodamente en comunidad unos con otros, aprendiendo a ser uno en medio del poder de la transformadora presencia de Jesús en medio de ellos.

La iglesia no es un grupo de personas que creen todas las mismas cosas. Es un grupo de personas atrapadas en la misma historia, con Jesús en el centro.

Debemos compartir la vida juntos, lo más cerca posible, y por un largo periodo de tiempo, como para enojarnos, ofendernos y practicar el perdón verdadero. Tenemos que pasar el suficiente tiempo juntos como para experimentar molestia por las irritantes diferencias, y así llegar por fin a aceptarnos mutuamente de una manera genuina.

La Iglesia es el cuerpo de Cristo vivo, quebrantado y resucitado, compuesto por personas reales de carne y hueso. Es ese lugar donde compartimos con gente a la que no escogimos y que podrían no caernos bien, pero que seguramente en el trato continuo nos llevarán a crecer y a madurar en el amor mutuo.

Cuando vivimos en comunión, el *yo* encuentra su gozo en el *nosotros*. No importa cuán complicado sea, el evangelio trabaja para convertir a las personas caóticas en personas santas, incluso aunque esto tome toda una vida.

> **Cuando vivimos en comunión el yo encuentra su gozo en el nosotros.**

Los que somos fanáticos del café, muchas veces imaginamos el evangelio como un grano de café. Sabemos que no se puede experimentar el placer de esta bebida celestial directamente del grano. Lo hacemos indirectamente, ya que el grano primero se tuesta en el fuego, luego se muele hasta convertirse en polvo, para entonces ver la magia suceder cuando se somete al agua hirviendo. Confiamos en que Dios desea que encontremos el gozo y una profunda satisfacción en nuestras comunidades de fe locales, pero estamos convencidos de que es inútil buscar ese gozo directamente. Una de las grandes paradojas del evangelio es que encontramos el gozo superior cuando atravesamos el fuego, somos molidos y derramados los unos por los otros. Este proceso de sacrificarnos los unos por los otros está en el corazón mismo del camino de Jesús, y es a través de este camino que llegaremos a conocer el gozo más profundo para el que fuimos creados.

"El cristianismo no se trata solo de ser simplemente creído; está destinado a ser vivido, compartido, comido, hablado y representado en presencia de otras personas. Por más que lo intentemos, no

podemos ser cristianos por nuestra cuenta. Necesitamos una comunidad, necesitamos la iglesia". Rachel Held Evans

Los seres humanos tenemos la tendencia natural, si se nos da la posibilidad, de elegir, de pasar tiempo con personas parecidas a nosotros. Por lo tanto, no se necesita demasiado esfuerzo para formar un club de iguales. Pero se necesita gracia, paciencia y perseverancia para formar una comunidad de diferentes.

Henri Nouwen define "comunidad" como ese lugar donde siempre te encuentras la persona con la que menos quisieras compartir tu vida.

Cuando somos la Iglesia las personas invisibles se hacen visibles.

Cuando nos reunimos como iglesia, aceptamos a todos, esperamos por todos, todos son bienvenidos, incluimos a todos, y nos reconciliamos con todos, especialmente con aquellos que se parecen menos a nosotros.

Las personas invisibles se hacen visibles. Los niños, los jóvenes, las viudas, los que luchan con las dudas, los pobres, los introvertidos, las familias disfuncionales, las mamás solteras, los inmigrantes, todos pueden ser bienvenidos y encontrar su lugar entre nosotros.

La palabra "amable" tiene su origen en la palabra "pariente". Cuando somos amables con alguien significa que lo tratamos como a alguien de la familia. La iglesia es una comunidad que ha encontrado patrones saludables de relación y un nuevo standard de cómo tratarse unos a otros, servirse unos a otros, amarse, y aun perdonarse unos a otros, de una manera contracultural.

"«¡Qué dulce y agradable es para los hermanos vivir juntos y en armonía!». Así celebra la Sagrada Escritura la gracia de poder vivir unidos bajo la autoridad de la Palabra. Interpretando más exactamente la expresión «en armonía», podemos decir ahora: es dulce para los hermanos vivir juntos por Cristo, porque únicamente Jesucristo es el vínculo que nos une". Dietrich Bonhoeffer

"Les doy este mandamiento nuevo: que se amen unos a otros. Así como yo los amo, ustedes deben amarse unos a otros. Si se aman

unos a otros, todos se darán cuenta de que son mis discípulos".
Juan 13:34-35

La iglesia es el experimento social de Dios que cambia el mundo, al traer a personas diferentes a la mesa, para compartir la vida unos con otros como un nuevo tipo de familia. Cuando esto sucede, le mostramos al mundo la forma en la que Dios, el amor, la justicia, la paz, la reconciliación y la vida juntos están diseñados para ser. La iglesia como una familia es el modelo de Dios para que el mundo vea cómo quiere Él que vivamos, y es también la mayor evidencia que podemos darle al mundo del poder del Evangelio.

"La manera de relacionarnos entre nosotros es el criterio que el mundo usa para juzgar si nuestro mensaje es veraz. La comunidad cristiana es la apologética por excelencia". Francis Schaeffer

CAPÍTULO 17

ALLELON

"No puede haber madurez en la vida espiritual, no puede haber obediencia en el seguimiento de Jesús, no puede haber plenitud en la vida cristiana sin la inmersión y el abrazo de la comunidad. No se trata solo de mí. La comunidad, no el individualismo tan alabado de nuestra cultura, es el escenario para vivir la vida cristiana"
Eugene Peterson

La palabra griega *"allelon"* aparece en noventa y cuatro versículos del Nuevo Testamento y significa "los unos a los otros, mutualidad o reciprocidad". Se refiere a la cultura del cuidado a la que estamos obligados los unos a los otros en Cristo.

En Romanos 12:5, Pablo dice que: *"Somos muchos miembros, pero formamos un solo cuerpo, y entre nosotros hay una dependencia mutua"*. *"Miembros"* viene de la palabra griega *"melos"* y se refiere literalmente a una parte del cuerpo humano. Pablo está diciendo: Ustedes son miembros y órganos unos de otros. Ustedes son los ojos, los brazos y el corazón el uno del otro. ¡Somos profundamente interdependientes! Nos necesitamos los unos a los otros. Ninguno de nosotros es una isla. ¡Las iglesias no son colecciones de individuos, sino comunidades de discípulos que se buscan y se necesitan unos a otros! Cuando Pablo dice en Efesios 4:25: *"Dejen, por lo tanto, la mentira; díganse la verdad unos a otros siempre, porque somos miembros de un mismo cuerpo"*, está diciendo básicamente que la mentira

> **Las iglesias no son colecciones de individuos, sino comunidades de discípulos que se buscan y se necesitan unos a otros!**

nos separa, nos desmembra, ¡como si quitáramos del cuerpo un órgano vital con un cuchillo!

La manera en que Dios espera que sus hijos nos tratemos los unos a los otros se explica de manera práctica en decenas de pasajes en las epístolas del Nuevo Testamento. En el libro *Gospel in Life,* Timothy Keller enumera las siguientes prácticas de construcción comunitaria:

Dios espera que:

Afirmemos las fortalezas, habilidades y dones de todos...

- respetándonos los unos a los otros. (Romanos 12:10)

- no quejándonos los unos de los otros (Santiago 5:9)

- valorándonos los unos a los otros, y valorando los dones diferentes que cada uno ha recibido. (Romanos 12:3-8)

Afirmemos que todos tenemos el mismo valor en Cristo...

- no mostrando favoritismos. (Santiago 2:1)

- tratándonos con afecto los unos a los otros como Cristo nos trata a nosotros. (Romanos 15:7)

- ocupándonos los unos de los otros. (1 Corintios 12:25)

- tratándonos con humildad los unos a los otros. (1 Pedro 5:5)

Nos afirmemos mutuamente a través del afecto...

- saludándonos los unos a los otros. (Romanos 16:16)

- siendo lentos para hablar y para enojarnos, y rápidos para escuchar. (Santiago 1:19)

- teniendo un amor creciente los unos por los otros. (1 Tesalonicenses 3:12)

- amándonos los unos a los otros con amor fraternal. (Romanos 12:10)

Compartamos el espacio, los bienes y el tiempo...

- siendo hospitalarios los unos con los otros. (1 Pedro 4:9)

- siendo bondadosos y compasivos los unos con los otros. (Efesios 4:32)

- haciendo bien a todos cada vez que tengamos oportunidad. (Gálatas 6:10)

Compartamos las necesidades y problemas...

- ayudándonos los unos a los otros a llevar las cargas. (Gálatas 6:2)

- animándonos y ayudándonos los unos a los otros a crecer. (1 Tesalonicenses 5:11)

- enseñándonos y aconsejándonos los unos a los otros. (Colosenses 3:16)

Compartamos las creencias, las ideas y la espiritualidad...

- hablando entre nosotros con salmos, himnos y cantos. (Efesios 5:19)

- viviendo en armonía los unos con los otros. (Romanos 12:16)

- estando de acuerdo los unos con los otros. (1 Corintios 1:10)

- enseñándonos unos a otros. (Romanos 15:14)

Nos sirvamos mutuamente mediante la rendición de cuentas...

- hablando la verdad los unos con los otros. (Efesios 4:25)

- confesándonos mutuamente los pecados y orando los unos por los otros. (Santiago 5:16)

- exhortándonos los unos a los otros diariamente. (Hebreos 3:13)

Nos sirvamos mutuamente mediante el perdón y la reconciliación...

- siendo humildes, amables, pacientes y tolerantes los unos con los otros. (Efesios 4:2)

- soportándonos y perdonándonos los unos a los otros. (Colosenses 3:13)

- no teniendo celos ni enemistades los unos con los otros. (Gálatas 5:26)

- no hablando mal los unos de los otros. (Santiago 4:11)

- restaurando las relaciones los unos con los otros. (Mateo 5:23-24)

Sirvamos los intereses de los demás antes que los nuestros...

- ayudándonos los unos a los otros a amar y a hacer lo bueno. (Hebreos 10:24)

- agradando al prójimo para su bien y su edificación. (Romanos 15:1-2)

- sirviéndonos los unos a los otros en amor. (Gálatas 5:13)

Parafraseando a Tim Keller en su libro *Iglesia Centrada*, lo que ocurre como consecuencia del pecado es que vivimos «vacíos de gloria», anhelando significado, honor y un sentido de valía, lo que finalmente nos lleva por uno de dos caminos: el de sentirnos superiores y confiados (tratando de demostrarnos a nosotros mismos y a los demás que somos valiosos) o el de sentirnos inferiores y desconfiados (porque, en el fondo, nos sentimos culpables e inseguros). En algunas personas esto se expresa en forma de audacia y un orgullo evidente; en otros, toma la forma de la denigración y el autodesprecio. La mayoría de nosotros estamos arruinados por ambos impulsos. Hasta que el evangelio no nos cambie, solo *utilizaremos* a las personas para nuestro beneficio o para obtener algo a cambio. Las relaciones no serán un fin en sí mismas, sino más bien un medio para promover nuestros propios intereses. Cuando vivimos de este modo, escogemos pasar tiempo con aquellos que pueden abrirnos puertas. Nuestras amistades y relaciones sociales se basan en la utilidad que otros tengan para ayudarnos a alcanzar nuestras metas económicas y sociales. En otras palabras, las personas con quienes entablamos lazos y nos relacionamos no son personas (sujetos), sino que son más bien objetos. Son medios para un fin. No trabajamos por amor al trabajo, ni nos relacionamos por amor a los demás. Más bien, trabajamos y nos relacionamos para reforzar nuestra propia imagen; es decir, para obtenerla, esencialmente, de otros.

Bonhoeffer nos recuerda que el camino a la transparencia, el amor y el servicio mutuo está «bloqueado por nuestro propio ego».

Solo cuando el evangelio nos cambia, continúa Tim Keller, podemos relacionarnos con otros por amor. En humildad, como fruto del tener presente que somos pecadores salvados solo por gracia, y sintiéndonos valiosos, producto de sabernos observados con una mirada de amor y honra por los únicos ojos en el universo que realmente cuentan. Somos libres para disfrutar de la comunión por lo que los demás son en sí mismos, y no por cómo nos hacen sentir en cuanto a nosotros mismos.

> **Nuestro carácter es forjado principalmente en la interacción con aquella familia adoptiva a la cual abrazamos como propia.**

Nuestra propia autoimagen no se sustenta en compararnos (Gálatas 5:26; 6:3-5). Nuestra valía no está determinada por la aprobación *de* los demás o por imponernos *sobre* los demás. No dependemos en exceso de la aprobación de los demás; ni tenemos miedo de abrazar el compromiso y la conexión con otros. El evangelio nos invita a una danza entre la audacia y la humildad, sin denigrarnos, y evitando el exceso de confianza en nosotros mismos.

> *"Sopórtense unos a otros y perdonen a quienes se quejen de ustedes. Si el Señor los perdonó, ustedes están obligados a perdonar".* Colosenses 3:13

> *"No solo llevamos la carga los unos de los otros; la verdadera carga es llevarnos unos a otros. Dejamos pasar la ofensa. Perdonamos. Mostramos misericordia y gracia. Nos desengañamos de nuestras propias fantasías e ilusiones acerca de la comunidad cristiana para que el poder de esa comunidad surta efecto".* Dietrich Bonhoeffer

Florecemos cuando intencionadamente nos ponemos en situaciones en las que perdemos la conciencia de nosotros mismos y nos fusionamos con otras personas y experiencias. Es en la práctica constante de la mutualidad y la reciprocidad donde vamos siendo transformados a la imagen de Cristo. Nuestro carácter es forjado principalmente en la interacción con quienes comemos, jugamos, conversamos, aprendemos y estudiamos. Con aquella familia adoptiva a la cual abrazamos como propia.

"Ya no creo que la formación del carácter sea principalmente una tarea individual, sino producto de entregarnos a la comunidad. Haces promesas a otras personas, construyes una espesa jungla de apegos amorosos, te pierdes en el acto diario de servir a los demás mientras ellos se pierden en los actos diarios de servirte a ti". David Brooks

"El hierro se afila con el hierro y el hombre al relacionarse con el hombre". Proverbios 27:17

Modelar vidas encarnadas no es un nuevo método o estilo de ministerio.

Las prácticas centrales de la generosidad, el cuidado, el poner al otro primero, el escuchar, amar, servir, discipular y adorar, se dan cuando nos damos los unos a los otros y las metas de la comunidad triunfan sobre las preocupaciones individualistas. Las semillas imprescindibles de la mutualidad, del compañerismo y de la interdependencia crecen en el almácigo de la comunidad, y a través de cada miembro se trasplantan a la sociedad.

Modelar vidas encarnadas no es un nuevo método o estilo de ministerio. No es un programa. Ese es en realidad nuestro llamado. Ese es el camino de Jesús para todos nosotros. Y cuando se convierte en nuestra forma de vida, siempre produce frutos para el Reino.

Cuando somos la Iglesia que Jesús soñó, a pesar de todos los conflictos e imperfecciones que tiene, esta Iglesia se puede ofrecer como una alternativa contracultural que, en vez de dejarse permear por los valores y creencias seculares, impregna con su ejemplo cada sector de la sociedad.

Vayamos hacia atrás, a la iglesia primitiva y a las características distintivas de los primeros cristianos. ¿Cómo fue que un número cada vez mayor de personas se convirtieron al cristianismo en el mundo romano, a pesar de ser la religión más perseguida y por la que, solo por ser parte de ella, se pagaba un alto costo social? ¿Cómo podemos modelar y proclamar hoy la fe cristiana en nuestra

generación de una manera que sea comprensible y a la vez convincente? La respuesta a ambas preguntas es la misma: mediante el proyecto de vida social cristiano, un tipo único de comunidad que desafió todo lo establecido en ese entonces y sigue haciéndolo hoy.

Tengamos presente que el mundo necesita de la Iglesia lo que esta siempre fue llamada a ofrecer: una alternativa refrescante a lo imperante en la cultura en la que está inmersa. Aquí sí hay una diferencia con la iglesia primitiva. Las iglesias de hoy en día (al menos en occidente) tienen que lidiar con una problemática nueva: la cultura poscristiana.

Hasta hace tan solo unas décadas, las personas en general creían en un "orden sagrado", una dimensión trascendente y sobrenatural de la realidad que era la base de los absolutos morales, y que de algún modo establecía un tipo de standard del bien y del mal que los seres humanos respetaban, y al que se conformaban más allá de sus sentimientos o ideas personales. Casi todos creían en la culpa objetiva, en el pecado y en que los problemas de la vida humana se resolvían si nos conectábamos con ese "orden sagrado" en lugar de simplemente vivir para nosotros mismos.

La cultura poscristiana de hoy es la primera que está basada en el rechazo a la existencia de un "orden sagrado". En nombre de la libertad individual, la sociedad actual declara que no existen realidades trascendentes a las que debamos conformarnos. Más bien sostiene que podemos elegir nuestros propios valores y crear nuestro propio significado de la vida. Para peor, estas narrativas seculares son inculcadas permanentemente como si fueran verdades obvias e indiscutibles.

"Todos tienen derecho a decidir por sí mismos lo que está bien y lo que está mal".

"Debes hacer lo que te haga más feliz. No puedes sacrificar tu felicidad por nadie".

"Eres libre de vivir como quieras, siempre y cuando no lastimes a nadie".

Todas estas ideas, que se traducen luego en prácticas, conducen a la soledad, a la mala salud emocional y a la ansiedad, la depresión, las enfermedades mentales, el aislamiento y la disfunción relacional. Es interesante observar cómo el pensamiento secular termina conduciendo a las personas al hiperindividualismo, porque las insta a rechazar cualquier tipo de norma y cualquier tipo de visión comunitaria en la que el "yo" no sea lo más importante.

La comunidad no puede funcionar donde el libre albedrío individual es el rey. Cuando la comunidad es genuina, se basa en la obligación, y la obligación es una mala palabra para la gente en esta era poscristiana. Sin embargo, esta es la realidad. Una comunidad duradera requiere que yo me vea obligado (comprometido) con estas personas, y que mi sentido de pertenencia sea más fuerte que mi trabajo, mi educación, mi lugar de residencia o mi identidad personal. Para ser parte de una comunidad, yo debo elegir la comunidad por sobre todo lo demás.

Un buen ejercicio que podemos hacer hoy es mirar hacia atrás, a donde todo comenzó. Quizás allí encontremos algunas respuestas necesarias para la Iglesia relacional de hoy.

Hasta la llegada del cristianismo, cada país, cada raza, cada lugar, tenía su propia religión, sus propios dioses heredados. Pero los cristianos creían que había un solo Dios verdadero y que todos debían poner su fe en Él. Independientemente de su raza, nación, color de piel, o status social, cuando las personas ponían su fe en Dios, estas descubrían una nueva identidad y un nuevo sentido de pertenencia, lo que en esa época resultó radical.

Los primeros cristianos se destacaron por el hecho de que, cuando eran atacados o mataban a alguno de ellos, no organizaban represalias ni ejercían venganza. Eran famosos por encontrar la muerte en arenas, entre las garras de animales feroces, por ser perseguidos de forma sangrienta y brutal, y sin embargo, estaban dispuestos a morir antes que a negar su fe, y mientras eran ejecutados, oraban por sus perseguidores y verdugos siguiendo los ejemplos de Esteban y del mismo Jesús. La enseñanza cristiana sobre el perdón y sobre "poner la otra mejilla" generó una comunidad pacificadora, de construcción de puentes y de reconciliación.

En ese tiempo de la historia se consideraba normal cuidar a los pobres y necesitados de la propia familia y tribu, pero nadie se sentía obligado a cuidar a todas las personas pobres y necesitadas, especialmente si eran bárbaros. Sin embargo, basada en la Parábola del Buen Samaritano (Lucas 10:25-37), la iglesia primitiva sorprendió al mundo al abrazar a todos los que estaban en necesidad. Los primeros cristianos eran muy generosos en la ayuda que brindaban, dando aun a personas desconocidas. Tanto fue así que el emperador pagano Juliano comentó que la práctica radical cristiana de "cuidar no solo a sus propios pobres, sino también a los nuestros" era, a la vez, ofensiva y atractiva.

Por su parte, el sociólogo Rodney Stark sostiene que una de las razones primordiales por las que el movimiento de Jesús se extendió tanto, fue la forma en que sus seguidores respondieron ante los enfermos. El panorama en Roma era el siguiente: al primer brote de enfermedad, alejaban a los que la padecían y los separaban de sus seres queridos, arrojándolos a los caminos cuando todavía estaban vivos. Dejaban los cadáveres tirados para evitar el contagio de la fatal enfermedad. Pero, señala Stark, hubo en ese mundo una comunidad que recordó que seguían a un hombre que tocaba a los leprosos mientras todavía eran impuros. Los cristianos, sin prestar atención al peligro, se hicieron cargo de los enfermos, atendiendo todas sus necesidades y ministrándoles en Cristo. Estas prácticas evidenciaban que "aun el más pequeño de estos" debía ser valorado. El Jesús al que seguían estaba presente en el marginado que sufría. A partir de estos actos la gente creyó en verdad en las palabras de Jesús y nació una nueva visión del ser humano.

Ya hemos hablado de la importancia que le daban los primeros cristianos al acto de compartir la mesa y el pan. Shane Claiborne, en su libro *The Irresistible Revolution* (la revolución irresistible) nos muestra hasta qué punto eran capaces de llegar: "Los primeros cristianos solían escribir que cuando no tenían suficiente comida para las personas hambrientas que estaban a su puerta, toda la comunidad ayunaba hasta que todos pudieran compartir una comida juntos. Qué increíble economía del amor. Los primeros cristianos decían que si un niño muere de hambre mientras un cristiano tiene comida extra, entonces el cristiano es culpable de asesinato".

Además, los cristianos estaban en contra tanto del aborto como del infanticidio. En esa época, los bebés no deseados, mayormente niñas, eran abandonados y dejados tirados junto a cadáveres de pobres, esclavos, criminales y extranjeros en las afueras de la ciudad. Los cristianos enterraban a los muertos, y rescataban a los bebés vivos para amarlos, cuidarlos y criarlos como si fueran propios. La iglesia primitiva era "pro-vida", y ellos le atribuían a todas las personas dignidad y el mismo valor humano. En una cultura tribalizada y socialmente estratificada, esta forma de proceder era realmente impactante.

Los cristianos también revolucionaron la ética sexual. En el mundo romano, el sexo era simplemente un apetito. Su propósito era servir al orden social. Las mujeres casadas no podían tener relaciones sexuales con nadie más que con sus maridos, pero los hombres, incluso los casados, podían tener sexo con cualquier hombre o mujer que quisieran, siempre que fuera con alguien de una clase y honor menor. La enseñanza del cristianismo en este contexto fue revolucionaria. Los cristianos se reunían con todo tipo de personas, incluso con gente del sexo opuesto, pero sin participar de ningún acto inmoral. Comían juntos, pero no dormían juntos, a excepción de con su cónyuge. Cuando se unían en matrimonio, tenían hijos y se hacían responsables de su crianza. Así, el cristianismo separó el sexo y el matrimonio del orden social, y lo conectó con lo cósmico, con el amor salvador y la redención de Dios. Dios se entregó a nosotros yendo a la cruz, y debemos responder entregándonos total y exclusivamente a Él y a ningún otro dios. Este amor salvador produjo una unión asombrosa entre dos seres radicalmente diferentes: Dios y la humanidad. Por lo tanto, el sexo no era para la autogratificación, sino para dar la vida entera en un pacto matrimonial consensuado. Para la época, esta fue una visión muy elevada acerca del carácter del sexo.

Además de todas estas cosas, los primeros cristianos estaban comprometidos a evitar el fraude, el robo y el adulterio, y a cumplir con la palabra empeñada. Ellos eran siempre dignos de confianza cuando hacían tratos o negocios con los demás.

No es difícil comprender por qué los cristianos eran considerados extraños desde el punto de vista pagano. En la famosa "carta a Diogneto" podemos ver que la sociedad romana tradicional no sabía cómo responder ante un grupo de creyentes que crecía rápidamente en número en medio de ellos, pero que vivía con una cosmovisión totalmente opuesta a la suya. Esto es parte de lo que dice la carta:

"Habitan en ciudades griegas y bárbaras, conforme al juicio de cada uno, siguen las costumbres de los habitantes del país, tanto en el vestir como en todo su estilo de vida y, sin embargo, nos demuestran una forma de vivir maravillosa y son notables en su conducta. Habitan en su propia patria, pero como forasteros; toman parte en todo como ciudadanos, pero lo soportan todo como extranjeros; toda tierra extraña es patria para ellos, pero están en toda patria como en tierra extraña. Igual que todos, se casan y engendran hijos, pero no se deshacen de los hijos que conciben. Comparten una misma mesa, pero no comparten la cama con otros.

Viven en la carne, pero no según la carne. Viven en la tierra, pero su ciudadanía está en el Cielo. Obedecen las leyes establecidas, y con su modo de vivir superan estas leyes. Aman a todos, y todos los persiguen. Se los condena sin conocerlos. Se les da muerte, y con ello reciben la vida. Son pobres, y enriquecen a muchos; carecen de todo, y abundan en todo. Sufren la deshonra, y ello les sirve de gloria; sufren detrimento en su fama, y ello atestigua su justicia. Son maldecidos, y bendicen; son insultados, y ellos, a cambio, devuelven honor. Hacen el bien, y son castigados como malhechores; y, al ser castigados a muerte, se alegran como si se les diera la vida. Los judíos los combaten como a extraños y los gentiles los persiguen y sin embargo, los mismos que los aborrecen no saben explicar el motivo de su enemistad".

> **¿Qué si la creciente extrañeza con la que nos mira la cultura occidental fuera en realidad nuestra mayor ventaja?**

¿Qué si nuestros intentos de ser relevantes, de imitar y superar al mundo, en realidad estuvieran limitando nuestro potencial ministerial? ¿Qué si la creciente extrañeza con la que nos mira la cultura occidental fuera en realidad nuestra mayor ventaja? ¿Y qué si por el hecho de ser cristianos ya no fuéramos abrazados cálidamente por el pliegue cultural contemporáneo... y esto fuera realmente lo mejor que pudiera sucedernos?

En una sociedad polarizada, individualista, secularizada y poscristiana, la Iglesia debe ser la comunidad de referencia en lo que atañe a cómo deberían vivir y relacionarse los seres humanos. Tal como dice Shane Claiborne: *"Creemos firmemente que el Evangelio, las buenas nuevas de Jesús, se difunden no por la fuerza sino por fascinación, por personas que aman bellamente en el mundo. Eso es exactamente lo que dijo Jesús: «Sabrán que eres cristiano por tu amor»".*

CAPÍTULO 18

SUFRIR CON OTROS

"Todo en nuestra sociedad nos enseña a alejarnos del sufrimiento, a alejarnos de los vecindarios donde hay un alto nivel de delincuencia, a alejarnos de personas que no se parecen a nosotros. Pero el evangelio nos llama a algo completamente diferente. Debemos reírnos del miedo, apoyarnos en el sufrimiento, abrirnos al extraño. El nacimiento de Jesús en un pesebre nos recuerda que Dios aparece en los rincones más abandonados de la tierra". Shane Claiborne

"Instintivamente tendemos a limitar por quién nos esforzamos. Lo hacemos por personas como nosotros y por personas que nos gustan. Jesús no aceptará nada de eso. Al representar a un samaritano ayudando a un judío, Jesús no podría haber encontrado una manera más contundente de decir que cualquier persona que lo necesite, sin importar raza, política, clase o religión, es su prójimo. No todo el mundo es tu hermano o hermana en la fe, pero todo el mundo es tu prójimo, y debes amar a tu prójimo". Timothy J. Keller

Vivimos inmersos en una realidad cultural que está obsesionada por evitar el sufrimiento. Obviamente hay ciertos tipos de sufrimiento que debemos evitar, como aquellos que vienen a nuestras vidas como consecuencia de nuestras malas decisiones. Sin embargo, nuestro llamado como iglesia relacional es a la compasión.

En latín la palabra compasión significa "sufrir con otros". Es imposible aliviar el sufrimiento de todos en nuestra comunidad. Pero al menos podemos solidarizarnos con los que sufren para que no estén solos. Como dice Brené Brown: *"Fui a la iglesia pensando que sería como una anestesia epidural, que me quitaría el dolor... Pero la iglesia no es como una epidural; es como una partera. Pensé que la fe me diría: «Te quitaré el dolor y la incomodidad», pero lo que en realidad me decía era: «Me sentaré a tu lado en medio del dolor».*

Quizás una de las capacidades esenciales que hemos perdido los seres humanos es la de estar dispuestos a entrar en el sufrimiento de otras personas. A causa de esto, incluso en nuestras iglesias, muchos sufren hoy en soledad y en silencio. Cuando no abrazamos el sufrimiento de nuestros hermanos distorsionamos la imagen del Jesús encarnado.

> **Amar a Dios y amar a los demás no es una estrategia de crecimiento de la iglesia. No es un medio para un fin. Es el medio y es el fin.**

Amar a Dios y amar a los demás no es una estrategia de crecimiento de la iglesia. No es un medio para un fin. Es el medio y es el fin. Cada persona importa.

Por supuesto, esto demanda mucho de cada uno de nosotros. En ocasiones preferimos suplir las necesidades de la gente proveyendo algún tipo de ayuda económica, una bolsa de comida o un simple "Voy a estar orando por ti". A través de esto, pretendemos arreglar el sufrimiento de otros sin tomarnos el tiempo de entrar en el sufrimiento con ellos. En otras ocasiones simplemente optamos por mirar desde la distancia, o tratamos de huir por completo del dolor de los demás.

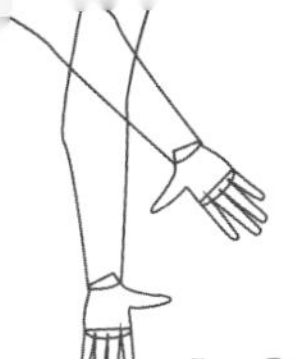

LA EMPATÍA ALIMENTA LA CONEXIÓN

Si hay una capacidad que debemos recuperar es la capacidad empática, el sentido de alteridad y una sociabilidad que nos permita centrarnos en una persona, tal como Jesús lo hizo en varias ocasiones en las que se encontró con gente que nunca antes había conocido, e hizo que ellas sintieran que estaba prestándoles toda su atención y comprendiéndolas en profundidad. Esto implica unirnos a las personas en su oscuridad, al mismo tiempo que nos negamos a la tentación de juzgarlos. Nuestro objetivo no es corregir a los heridos en el momento de su dolor, ni cuestionar la profunda angustia de los que sufren. El desafío es darle lugar al impulso atado a Cristo de unirnos a otros en su sufrimiento, de sentir por ellos y con ellos, identificándonos todo lo que sea posible con los heridos pero sin pecar.

"Por cuanto Dios los escogió y son santos y amados, practiquen con sinceridad la compasión y la bondad. Sean humildes, amables y buenos". Colosenses 3:12

Cuando mantenemos nuestra identidad fundamental y nuestra lealtad a Cristo, lloramos con los que lloran, escuchamos su lamento y su dolor, consideramos tanto sus sentimientos inmediatos como su bien supremo, y aprendemos a distinguir con humildad y sabiduría entre la realidad de sus sentimientos y la realidad verdadera. Todo esto lo comunicamos con nuestras palabras, nuestras lágrimas, nuestros rostros y nuestra presencia: *"Esto es difícil. Sé que te sientes así. Estoy contigo en esto y tengo esperanza"*.

Como cristianos, debemos poder sentir la angustia de los heridos, los quebrantados y los que sufren.

"El ministerio se trata de personas. Son las personas lo que más le importa a Dios y lo que más debería importarnos a nosotros". Bezet

No podemos hacer algo por todos, pero siempre podemos hacer algo por alguien.

La comunidad sucede cuando nadie dentro de la iglesia se siente solo o invisible. Tener adultos presentes que escuchen y ayuden a los más chicos a navegar los eventos traumáticos de la vida es fundamental para su crecimiento espiritual. Los más chicos deben saber que dentro de la iglesia hay una red de contención, formada por mentores, que les ofrece a las familias un sistema de apoyo integrado para cuando la vida duele.

La comunidad sucede cuando todos están conectados con alguien que se encarga de cuidar y nutrir, a la vez que con un grupo consistente de compañeros. Cuando hacemos esto, reproducimos una generación de cristianos que son capaces de desarrollar fácilmente relaciones auténticas de cuidado.

El vivir como una comunidad encarnada hace de cada uno de los más chicos nuestra responsabilidad. Debemos llegar a tocar su humanidad incluso aunque eso signifique el sufrimiento de nuestra propia humanidad, porque este es el camino de la cruz. Puede ser que la razón por la que muchos no confían en nuestras ofertas de amistad sea porque intuitivamente saben que no estamos dispuestos a verlos, escucharlos y acompañarlos en su sufrimiento más profundo. Les hemos ofrecido entretenimiento, pero no compañía en sus noches más oscuras o en sus más espantosos infiernos.

¡Practiquemos una teología del acompañamiento! El regalo más preciado que los adultos podemos hacerles a los más chicos es cuidar de ellos mientras van camino a la madurez.

¿CÓMO EXPLICAR EL CUIDADO?

"Se cuenta una maravillosa historia sobre una niña de cuatro años que una noche se despertó asustada, convencida de que en las tinieblas que la rodeaban había toda clase de fantasmas y monstruos. Sola, corrió a la habitación de sus padres. Su madre la calmó y, tomándola de la mano, la llevó de regreso a su propio cuarto, donde encendió una luz y tranquilizó a la niña con estas palabras: «No necesitas tener miedo, no estás sola aquí. Dios está en la habitación contigo». La niña replicó: Sé que Dios está aquí, ¡pero

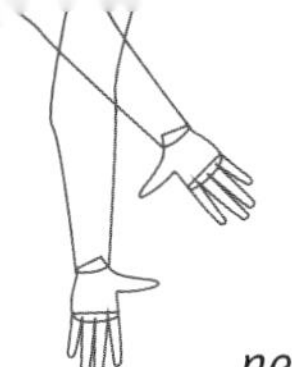

necesito a alguien en este cuarto que tenga un poco de piel!"
Ronald Rolheiser

Debemos encarnar el amor sacrificial y la compasión para nutrir verdaderamente a los demás. Creo que la compasión es clave, ya que se trata de amar poniéndonos en el lugar del otro. En lugar de construir un muro de protección alrededor de los jóvenes, o de dejarlos aislados en un ministerio paralelo dentro de la iglesia, lo que hace una comunidad adoptiva es unirse a los jóvenes y "sufrir con" cada uno de ellos.

Para sufrir con los demás debemos establecer lazos relacionales con ellos. Debemos buscar conocerlos, y dejarnos conocer. Debemos hacer lo que nadie más en su mundo ha hecho: comprometernos a permanecer cerca suyo sin importar lo que pase.

En la práctica, cuidar con compasión significa:

- Ponernos en el lugar del otro para que podamos construir puentes de confianza.

- Mostrar aprecio y respeto por cada persona, en lugar de esperar que ellos nos lo demuestren primero a nosotros.

- Escucharlos en lugar de tratar de obligarlos a que nos escuchen.

- Iniciar relaciones sin presionar con nuestra propia agenda o cronograma sobre ellos.

- Tratar de empatizar con las personas, lo que significa que nos sentamos en los escalones de su mundo, asegurándonos de que sepan que estamos interesados en cómo son sus vidas.

- Aconsejar y opinar solo cuando se nos solicite, sabiendo que cuando estén listos y confíen en nosotros seremos más capaces de hablar de una manera que los aliente y fortalezca. En otras palabras, ganarnos su confianza para también ganarnos el derecho a hablar a sus vidas.

- Ser inclusivos y hospitalarios, desarrollar la habilidad de detectar a quienes están o no incluidos en nuestros esfuerzos ministeriales.

- Ser auténticos. Revelar nuestro verdadero ser y hablar con integridad, compasión y honestidad. Cuando estamos en una relación auténtica con los demás, somos conscientes de nuestros pensamientos y sentimientos, y de cómo afectan a la otra persona.

Los jóvenes son inherentemente relacionales. Una de nuestras tareas es ayudarlos a construir relaciones saludables que reflejen una teología del acompañamiento. Nuestro objetivo es modelar esta forma de ser, y ayudar a nuestros jóvenes y familias a comprometerse con el mundo a través de este enfoque. Al hacerlo, vivimos el mensaje de amor y reconciliación de Dios.

AVERSIÓN AL SUFRIMIENTO

La gran tragedia de nuestro éxito tecnológico no es solo que hemos creado una cultura que evita el sufrimiento, sino que hemos perdido la capacidad o la voluntad de entrar en el dolor de los demás.

La gran tragedia de nuestro éxito tecnológico no es solo que hemos creado una cultura que evita el sufrimiento, sino que hemos perdido la capacidad o la voluntad de entrar en el dolor de los demás.

No hay lugar más peligroso para un cristiano que la seguridad y la comodidad, desapegadas del sufrimiento de los demás. La verdadera compasión cristiana no es una tristeza sentimental por multitudes anónimas que sufren, sino una participación íntima y personal con aquellos a los que estamos ligados como familia espiritual.

Debemos huir de la apatía y la complacencia. Para esto necesitamos hacer una pausa, escuchar, ponernos en los zapatos del otro, conversar y acompañar. Lo primero que Pablo nos recuerda en el famoso pasaje de 1 Corintios 13 es que el amor es paciente.

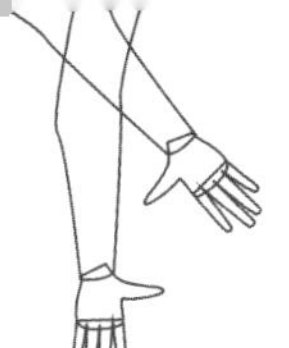

Aprendemos a ser pacientes cuando nos sumergimos en la realidad del otro y caminamos al lado de aquellos que sufren. Es muy simple, por ejemplo, juzgar cuando un matrimonio de nuestra iglesia se divorcia; por el contrario, toma tiempo sentarse con ellos, escucharlos y trabajar pacientemente en conducirlos a través de la conversación a la sanidad, para finalmente celebrar la reconciliación o llorar junto a ellos por el divorcio. Toma tiempo ser una expresión verdadera de la compasión que Jesús desea que mostremos en nuestra vida diaria.

Tomar nuestra cruz y seguir a Jesús mientras nos involucramos intencionadamente en el dolor de otros es aprender cada día a seguir el camino del varón de dolores. Jesús, el siervo sufriente, tuvo compasión de las multitudes, y extendió sus manos para tocar y sanar a muchas personas en sus diversas necesidades físicas, mentales y espirituales. La compasión nunca es una experiencia remota y de segunda mano, sino que consiste en una identificación práctica con el que está herido, con el que sufre.

Esto, por supuesto, no resulta fácil. Vemos que el lamento del corazón de Pablo en el siguiente versículo no se trata de un exceso emocional místico, sino del anhelo de alguien que en la práctica quiere ser un verdadero discípulo, un siervo obediente...

"Lo he perdido todo con tal de conocer a Cristo, de experimentar el poder de su resurrección, de tener parte en sus sufrimientos y de llegar a ser semejante a él en su muerte". Filipenses 3:10

Cuando somos confrontados con el grito del corazón de Pablo (*"con tal de conocer a Cristo"*) debemos preguntarnos: ¿honestamente queremos conocerlo en esos términos que Pablo proclama? ¿Queremos

> **Si queremos ser como Jesús esto inevitablemente incluye tener parte en sus sufrimientos.**

realmente pasar de vivir cómodos y pensando en nosotros mismos, a convertirnos en pan para ser compartido por los demás como Cristo fue partido por nosotros?

Si queremos ser como Jesús, inevitablemente esto incluye tener parte en sus sufrimientos. La iglesia es su cuerpo. Amar y sufrir junto a los miembros de la iglesia es amar y sufrir por Cristo. Jesús dejó muy claro que este era el camino...

- *"Si ustedes me aman, obedecerán mis mandamientos"*. (Juan 14:15)

- *"Ustedes sean compasivos, así como su Padre es compasivo"*. (Lucas 6:36)

- *"Así como yo los amo, ustedes deben amarse unos a otros"*. (Juan 13:34)

- *"...El que quiera ser mi discípulo debe olvidarse de sí mismo, llevar su cruz cada día y seguirme..."*. (Lucas 9:23)

Participar en los sufrimientos de Cristo es inevitable para quien ora sinceramente *"con tal de conocer a Cristo"*. Además, la Palabra de Dios nos dice que Jesús mismo fue perfeccionado por medio del sufrimiento:

"Convenía, en efecto, que Dios, que es origen y fin de todas las cosas y que quiere conducir a una multitud de hijos a la gloria, hiciera perfecto por medio del sufrimiento a quien tenía que encabezar la salvación de los demás". Hebreos 2:10 (BLP)

Para crecer en la plenitud y la estatura de Cristo debemos abrazar el sufrimiento, el quebranto y el dolor. La oración de Pablo es clave, porque desnuda nuestros pensamientos y las intenciones de nuestro corazón, y nos obliga a enfrentar la hipocresía de querer el poder de la resurrección sin la vocación de la compasión. Solo cuando abrazamos la comunión de los sufrimientos de Cristo y vivimos vidas compasivas podemos decir que realmente conocemos a Cristo. Solo en el momento en que descubrimos que no existimos para nuestro propio beneficio sino para el de los demás, es que comenzamos a vivir realmente como Dios desea que vivamos.

Seamos aquellos que derriben los muros que dividen, reflexionemos dejando los sesgos de lado, comprendamos el contexto de los que viven en condiciones diferentes a la nuestra, aprendamos de los que piensan distinto. Abandonemos prejuicios, abramos los

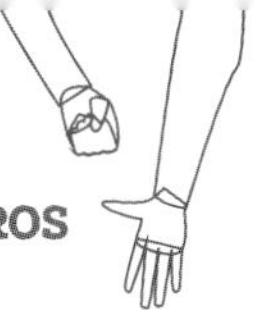

brazos, tendamos puentes. Amemos al prójimo. Seamos la voz de los que no tienen voz. No luchemos solo por mejorar nuestra situación, sino también por mejorar la de los demás. Tengamos menos individualismo y más sentido de comunidad. Defendamos a los más necesitados. Salgamos de la burbuja. Sirvamos desde la empatía. Seamos intencionales en nuestro caminar.

Miremos alrededor, observemos a nuestros vecinos y descubramos las luchas que enfrentan para encontrar un trabajo, para mantenerse al día con su alquiler, para sostener un matrimonio que tambalea, para intentar ayudar a un hijo con adicción a las drogas o para vivir bajo la amenaza inminente de una deportación. No podremos arreglar todas sus situaciones. Incluso nuestra comunidad eclesiástica, aunque bendecida con abundantes recursos, no podrá arreglar todas sus situaciones. Pero podemos aprender a entrar en sus sufrimientos y angustias. Esta es la naturaleza del camino de la compasión al que hemos sido llamados en Cristo. Hay mucho sufrimiento alrededor nuestro y en el mundo en general. ¡Tenemos trabajo por hacer dando testimonio del amor compasivo de Cristo!

"Cristo no tiene cuerpo, sino el tuyo. No tiene manos o pies en la Tierra, sino los tuyos. Tuyos son los ojos con los que ve la compasión en este mundo. Tuyos son los pies con los que camina para hacer el bien. Tuyas son las manos con las que bendice todo el mundo. Tuyas son las manos, tuyos son los pies, tuyos son los ojos, eres tú Su cuerpo. Cristo no tiene otro cuerpo sino el tuyo". Teresa de Ávila

Seamos una iglesia que sufre con otros, y démosle la oportunidad a Jesús de expresar su amor, sanidad y gracia a través nuestro.

CAPÍTULO 19

CONECTAR EN LA ERA DIGITAL

"No se trata solo de pantallas, no se trata solo de «límites» o «tiempo de pantalla», y definitivamente no se trata solo de los niños. Se trata de que todos juntos nos preguntemos qué tipo de vida queremos en nuestros hogares, qué tipo de relaciones queremos con las personas más cercanas a nosotros, en qué tipo de personas nos estamos convirtiendo personalmente y si nuestro uso actual de la tecnología está realmente ayudándonos a convertirnos en personas de sabiduría, valentía y amor". Andy Crouch

Todos estamos tratando de entender cómo funcionar en este tsunami llamado "mundo tecnologizado" que ha invadido nuestra cultura, nuestros hogares y la iglesia, principalmente durante los últimos veinte años. No tenemos otra generación de padres o pastores que hayan pasado por esto antes, así que todos estamos inmersos en este dilema. Los padres solíamos ser los expertos que les explicábamos a nuestros hijos cómo funcionaban las cosas, pero ahora son ellos los nativos digitales que conocen cómo funciona todo en estos tiempos de rápidos cambios tecnológicos. Sin embargo, a pesar de nuestras diferencias, tanto ellos como nosotros tenemos un desafío en común: aprender cómo manejar la tecnología de una manera que sea saludable. Y este no es un problema de la familia o de la iglesia solamente, sino de toda la raza humana.

Lo que sí nos enseñan las encuestas es que cuando les preguntamos a los adolescentes qué es lo que desearían que fuera diferente en la relación con sus padres, la mayoría de ellos responden: "Que mis padres estén menos tiempo con sus teléfonos y más tiempo conversando conmigo".

Sin lugar a dudas, en comparación con las generaciones anteriores estamos más conectados globalmente y mejor informados sobre muchos asuntos del mundo, en ciertos aspectos somos más productivos y, gracias al GPS y a Google Maps, ciertamente estamos menos perdidos (al menos en lo que hace a nuestra localización geográfica). Pero, ¿somos más pacientes, amables, indulgentes, valientes, comprometidos y creativos?

LO DIGITAL NOS APUNTA A LO ANALÓGICO

Cuando estoy fuera de la ciudad en algún viaje, agradezco la tecnología digital que me permite conectarme con mi esposa y mis hijos. Me alegra poder ver sus caras y escuchar sus voces. El efecto que tiene esto es hacer crecer el anhelo de llegar finalmente a casa, poder abrazarlos y darles un beso a cada uno. Esto es algo que lo digital hace muy bien. Nos empuja hacia las realidades "analógicas", encarnadas, físicas y encarnacionales.

Sucede lo mismo con la iglesia. Esta temporada de pandemia, en la que hemos tenido que depender de internet para mantenernos conectados, ha hecho que se incremente nuestro deseo de la realidad, del contacto verdadero, de nuestro anhelo de volver a ser una iglesia "analógica", porque comprendemos que no hay sustitutos digitales que expresen adecuadamente nuestro compromiso mutuo cuando se trata de lo que más importa en la vida.

Si bien la pandemia empujó a las iglesias a formas de adoración digitales y remotas, hay algo increíble que está sucediendo en medio de eso: la adoración online está reavivando y aumentando el deseo de la convivencia física. Las iglesias están buscando formas creativas de recrear la comunión. La innovación que está ocurriendo tiene como objetivo recrear una sensación de estar con los demás, de adorar juntos en la iglesia local.

Entonces, esta experiencia de estar distantes, separados, remotos, podría convertirse en una temporada para aprender a ser una comunidad de fe más encarnada, que valore mucho más los

vínculos con los demás. Lo digital se está transformando, paradójicamente, en un camino para renovar las dinámicas "analógicas", presenciales.

LA NUEVA REALIDAD

Para aquellos de nosotros que en medio de esta pandemia continuamos sirviendo, haciendo nuestro mejor esfuerzo semana tras semana para generar conexión, elaborar sermones y crear espacios de aprendizaje, adoración y pertenencia que puedan bendecir a nuestras comunidades... ¿Cómo lidiamos con la realidad de que la gente ahora puede quedarse en casa y escuchar cómodamente los mejores sermones de cientos de predicadores talentosos cuyo contenido es, en la mayoría de los casos, mucho más atractivo que cualquier cosa que podamos inventar por nuestra cuenta? ¿Y qué del acceso que tienen a la música de los ministerios más reconocidos, que cuentan con una producción extraordinaria? ¡Todo esto a solo un clic de distancia!

Esta situación abre también un gran interrogante para las familias: ¿Por qué no quedarnos en casa y escuchar una reunión desde la comodidad de la cama los domingos por la mañana incluso luego de que la pandemia termine?

Muchos se preguntan si la gente regresará a las reuniones presenciales después de la pandemia, ahora que se han dado cuenta de que pueden simplemente mirarlas en línea. Podría estar equivocado, pero yo tengo la fuerte sensación de que va a suceder exactamente lo contrario. Creo que durante este tiempo entendimos algo que es inherente a los seres humanos: somos personas encarnadas que necesitamos a otras personas encarnadas. La vida de seguir a Jesús es comunitaria. Es trabajar juntos hombro con hombro, vivir nuestras vidas juntos y, de esa manera, colectivamente, convertirnos en el pueblo de Dios. En este mundo cada vez más dependiente de la tecnología, la iglesia relacional tiene un papel preponderante que cumplir.

Podemos apreciar todas las nuevas herramientas a las que tenemos acceso en línea, y estar agradecidos de tener un medio que nos permite no perder completamente el contacto entre nosotros. Y creo que esta pandemia afectará la forma en que las personas piensan sobre los espacios públicos y la proximidad física. Creo que la precaución y la preocupación aumentarán, al menos por un tiempo, después de que esto termine. Sin embargo, creo que encontraremos nuestro camino de regreso a la presencia encarnada.

LA IGLESIA ONLINE

Participar de una iglesia online demanda mucho menos de nosotros. La tecnología lo vuelve todo más fácil. Pero lo fácil no necesariamente forja en nosotros el valor y la sabiduría que necesitamos. Estas características solo pueden ser el resultado de un trabajo manual, artesanal. De un discipulado personal.

La tecnología lo vuelve todo más fácil, pero lo fácil no necesariamente forja en nosotros el valor y la sabiduría que necesitamos.

Jay Y. Kim, en su libro *Analog Church* (La iglesia analógica), explica muy bien esta diferencia. Él dice que las comunidades digitales son convenientes y personalizables. Se basan en nuestras preferencias, y están diseñadas para ser elegidas o rechazadas de manera rápida y fácil. ¿No te gusta algo que alguien dijo en tu *feed* de Facebook? Lo borras o lo bloqueas. ¿Te molestan las fotos de alguien en tu *feed* de Instagram? Lo dejas de seguir. ¿Estas molesto por las opiniones de alguien en Twitter? Lo bloqueas y le impides el acceso a tu *feed*. Todo eso lo puedes hacer tan rápido como apretar un botón y listo, los sacas de tu comunidad y ya no sabes más de ellos. Las comunidades analógicas son mucho más complejas que esto. Cuando conoces a alguien personalmente, no es tan fácil dejar de ser amigos. En la comunidad de la iglesia no tenemos el botón de bloqueo o de dejar de seguir a las personas que no nos caen bien. Pero a pesar de que no coincidimos en todo con los demás, y de que tenemos opiniones

divergentes en asuntos de la coyuntura diaria, persistimos porque tenemos un compromiso que no es superficial. Crecemos en Cristo cuando pasamos por alto las diferencias y las cosas que nos separan. Estamos allí juntos. Somos parte de la familia de Dios. Y así son las familias. Nos guste o no, estamos conectados.

Ser parte de una comunidad analógica es una decisión arriesgada, mucho más compleja y que demanda mucho más de nosotros que ser parte de una comunidad digital. Pero somos formados, crecemos y maduramos por el solo hecho de compartir nuestra vida con otras personas. Es mucho más difícil elegir con quienes compartiremos la comunidad y, por supuesto, deshacernos de ellos. En la mirada consumista de las iglesias de hoy, la gente va pasando por diferentes *feeds* hasta encontrar una comunidad de fe que, al menos aparentemente, reúna todo lo que necesita. Pero, a decir verdad, no siempre encontramos lo que necesitamos. Por eso, elegir pertenecer a una familia espiritual involucra mucho más de nosotros que solo ver un *Live* de Facebook. La iglesia se vuelve familia solo cuando conocemos a otros, nos dejamos conocer y somos transformados, incluso en el roce con los otros miembros de esta comunidad de individualidades diferentes.

Andy Crouch explica que la tecnología es muy buena para algunas cosas, pero no para otras. Es buena porque nos permite el fácil acceso en todas partes a una especie de "poder sin esfuerzo", que es muy bueno para la producción y es excelente para que, una vez que has creado algo, lo puedas distribuir... pero que no es tan bueno para la creación. La tecnología es muy útil para *expresar* las capacidades humanas, pero no es demasiado eficaz para *formar* capacidades humanas porque, en realidad, no hizo nada para convertirnos en el tipo de personas que tendrían algo que ofrecer... Ser esa clase de personas toma tiempo, formación, trabajo, dedicación y consagración. Nada de eso se logra rápidamente.

Durante la pandemia, la tecnología nos permitió seguir conectados a la distancia. La iglesia en línea trasciende las barreras geográficas, físicas y temporales de una manera que la analógica no puede hacer. Pienso que cuando acabe la pandemia, muchos querrán que lo digital siga siendo al menos una opción, un método de participación cuando la geografía y otras barreras les impidan el acceso a las reuniones. Sin embargo, como ya he dicho, sinceramente creo que el auge de la iglesia en línea hará que la experiencia de la iglesia en persona sea aún más apreciada. Cuando perdemos algo que disfrutábamos, ansiamos recuperarlo, porque comprendemos el valor que tiene, incluso mejor que antes. Cuando tenemos mucho de algo, o cuando hay algo que está siempre disponible, dejamos de apreciarlo. Cuando lo perdemos, nos damos cuenta de lo importante que era. Creo que hoy en día somos muchos los que echamos de menos la comunidad, el compartir y el experimentar nuestra vida cristiana junto a otros. Además, la tecnología puede ser de mucha ayuda, pero no puede reemplazar los vínculos que tenemos como comunidad. Por eso, las iglesias que ya estaban experimentando comunidad, las que eran como una familia, no tuvieron demasiadas complicaciones, pero las que no estaban verdaderamente conectadas cuando se reunían de manera "presencial", en esta temporada se desconectaron más todavía.

Cuando se entiende de manera adecuada y se utiliza de manera responsable, la tecnología digital nos brinda la oportunidad de sentirnos juntos aunque estemos separados, así como animarnos y desafiarnos unos a otros, e incluso poder compartir el evangelio con aquellos que no lo han recibido aún. Propiciemos interacciones cada vez más profundas, sinceras, reales, que dejen una huella, que consuelen, que traigan esperanza eterna. Para aquellos de nosotros que preferimos lo analógico, esto representa un gran desafío. Que el Señor nos ayude, y que las palabras de Pablo nos impulsen: *"Me hice todo para todos, a fin de salvar a algunos por todos los medios posibles"* (1 Corintios 9:22, NVI). ¡Qué reto tan grande tenemos!

LO DIGITAL NO ES SUFICIENTE

"Conexiones digitales… pueden ofrecernos la ilusión de compañerismo sin las exigencias de la amistad. Nuestra vida en red nos permite escondernos el uno del otro, incluso cuando estamos atados el uno al otro". Sherry Turkle

"Estos son algunos ejemplos de los que ya somos testigos: interface cerebro-computadora, avances en la biotecnología, robots invencibles para diversos retos, autos que se manejan solos, drones que controlan extensas tierras sembradas y recolectan información para trabajar sobre ellas. Así, la inteligencia artificial, la medicina digital, las impresoras 3D, la nanotecnología, la energía renovable y la realidad virtual forman parte de las tareas cotidianas de infinidad de personas. (...) La intuición y el contacto entre las personas (...) será insustituible. Nuestro cerebro es un órgano social. En ese sentido, las habilidades emocionales y sociales son esenciales para la supervivencia y para el bienestar, y estas no pueden ser trasladas a un robot ni a una computadora. Las máquinas pueden ser "más inteligentes" que nosotros en muchos aspectos, pero nunca lo van a ser en habilidades como la compasión, en imaginar qué piensa el otro y en entender que ese otro piensa diferente a nosotros, en sentir la alegría o el dolor ajeno. Por eso, la empatía, entender lo que los demás sienten y necesitan, continuará siendo una cualidad esencial. (...) Por más exposición a pantallas que estemos experimentando, la compañía y el cuidado amoroso del prójimo seguirán siendo un deseo y una necesidad; por ende, aquellos con la capacidad de brindarlos serán personas sumamente valiosas. En este mismo sentido, las maestras y los maestros serán irremplazables y tienen que ejercer cada vez más ese rol primordial que es el de inspirar, motivar y formar a las próximas generaciones no solo en estas habilidades necesarias sino también en los valores esenciales para vivir en sociedad". Facundo Manes

En la Biblia podemos ver la importancia de la dimensión personal y del "cara a cara" del compañerismo humano, que hoy en día se trata de simular a través de las redes sociales. Aunque Dios había enviado profetas e inspirado las Escrituras durante siglos, todo estuvo inconcluso hasta que Jesús vino en persona a vivir entre nosotros. Y Juan escribe al final de su breve epístola: *"Quisiera decirles muchas cosas más, pero no quiero hacerlo por carta; espero ir pronto a verlos y hablar con ustedes cara a cara, para que nuestra alegría sea completa"* (2 Juan 1:12). La tecnología, incluso con todos sus beneficios, no es suficiente. Los robots podrán hacer en el futuro muchos de los trabajos actuales, pero nunca podrán reemplazar la calidez del contacto entre dos personas.

El desafío más difícil durante esta temporada de pandemia ha sido la separación, la falta de proximidad física. Extrañamos a la gente, sus caras, escuchar sus voces, el calor de su presencia, compartir una taza de café o una comida. Las reuniones virtuales, los sermones pregrabados y la adoración en video nos ayudan, pero nos dejan insatisfechos. Necesitamos personas, lugares y cosas reales, aun en la era digital.

Cada nueva semana de iglesia en línea nos hace darnos cuenta de que este no es el tipo de adoración para el que fuimos creados. Esto es porque la Iglesia nunca ha estado en algún lugar al que vayas, sino que la Iglesia es algo que nosotros, no solo tú o yo, *nosotros,* somos. Lo que esto significa, en última instancia, es que la dicotomía en realidad no es entre "iglesia en línea versus iglesia en persona", sino más bien entre "espectadores versus participantes", o entre "consumo pasivo de contenido versus compromiso activo y creativo".

Sí, lo digital probablemente será una parte importante del futuro de la iglesia, pero la pandemia y la imposibilidad de reunirnos físicamente nos han hecho dar cuenta de que ni siquiera la mejor tecnología puede reemplazar el contacto humano.

DISCIPULADO EN EL CONTEXTO DIGITAL

"La cultura secular ha creado una ecología moral enormemente poderosa y constantemente inmersiva a través de la revolución digital que abruma las dos o tres horas a la semana que los cristianos adoran y estudian en la iglesia". Tim Keller

La velocidad de la era digital nos ha vuelto más impacientes. La variedad de opciones de la era digital nos ha hecho superficiales. El individualismo de la era digital nos ha aislado.

Así es. Ese viaje permanente entre las diversas plataformas de redes sociales nos hace más impacientes, nos vuelve superficiales y nos aísla. El ritmo rápido, el acceso fácil e infinitamente personalizable, el poder seguir y dejar de seguir a quienes queramos, cuando queramos. El mundo de las redes sociales está atrofiando nuestra capacidad para alcanzar el tipo de profundidad que se requiere para el discipulado cristiano.

En su libro *Deep Work* (trabajo profundo), Cal Newport nos da esta seria advertencia: *"Si pasas demasiado tiempo en un estado de superficialidad frenética, se reducirá permanentemente tu capacidad de realizar trabajos profundos".*

> **El mundo de las redes sociales está atrofiando nuestra capacidad para alcanzar el tipo de profundidad que se requiere para el discipulado cristiano.**

Esta era digital nos atrae y nos invita a entrar en una corriente interminable de superficialidad. Mirar, gustar, comentar, juzgar, envidiar, repetir. Es rápido, es fácil y, en ocasiones, es irreflexivo y descuidado. Es superficial... y es diametralmente opuesto al trabajo profundo del discipulado.

En *Reclaiming Conversation* (recuperando la conversación), Sherry Turkle del MIT dice que el aumento de tiempo en las redes sociales se correlaciona con una pérdida medible de empatía, es decir, con una disminución de la capacidad de ponernos en el lugar de otra persona. Cada vez más, lo que está afuera parece menos real que lo que está adentro de la cabeza y de los propios sentimientos.

La tecnología no es solo una herramienta para facilitarnos el trabajo o entretenernos, sino que también se ha convertido en un organizador social. Con esto me refiero a que, por medio de su uso, se nos impone un estilo de vida y una manera de pensar. Las nuevas tecnologías y las redes sociales "hacen discípulos", transmitiendo las narrativas y creencias de la modernidad secular con respecto a la identidad, la libertad, la felicidad y el relativismo de una manera inmersiva, mucho más allá de lo que la televisión, la radio o las películas podrían haberlo hecho en el pasado. Además, la tecnología no solo instala creencias diferentes. Cambia la manera en que somos educados. Por ejemplo, las creencias hoy en día se han vuelto "personalizables" y "descartables". Las elegimos solamente si se ajustan a cómo queremos vernos a nosotros mismos y ver a los demás, y las descartamos cuando no es así.

Las iglesias nos encontramos frente a un gran desafío: nuestros modelos tradicionales de formación bíblica y espiritual a través de unas pocas horas semanales de adoración pública y en grupo comunitario son insuficientes para contrarrestar el impacto que produce en las personas el contenido digital al que se ven expuestas durante las veinticuatro horas del día. Nuestros modelos de formación teológica nos dan una comprensión firme de la doctrina bíblica, lo cual es indispensable, pero son insuficientes para deconstruir las creencias de la cultura y proporcionar mejores respuestas cristianas a las preguntas del corazón humano en el mundo poscristiano.

Tim Keller, en su libro *How to Reach the West Again* (Cómo alcanzar a Occidente de nuevo), sostiene que el discipulado intencionado debe interpelar la cultura, y que cuando instruimos en tiempos poscristianos necesitamos tanto la catequesis como la contracatequesis; necesitamos usar la doctrina bíblica para deconstruir las creencias de la cultura y responder preguntas del corazón humano que las narrativas de la cultura no pueden.

Al vivir en una sociedad con valores radicalmente diferentes a los nuestros, el discipulado y la capacitación también deben equiparnos a los creyentes para que podamos responder a las preguntas que la sociedad se hace, al tiempo que reflejamos los patrones de conducta personal que le muestran a la sociedad en qué consiste el Reino de Dios.

Por otra parte, las conexiones reales dentro de comunidades concretas suceden solo cuando caminamos juntos por el camino de la sabiduría, no de la inteligencia. Y en la era digital, hay un tremendo vacío de sabiduría. Tenemos toda la información que necesitamos para ser inteligentes, pero no tenemos el compromiso de viajar junto a otros por el camino estrecho y en ocasiones difícil que nos lleva a la sabiduría.

Ofrecer sabiduría para los dilemas de la vida es un aporte esencial que la Iglesia puede hacerles a las nuevas generaciones, ya que estas, siendo producto de la hiperconectividad y de la escasez de vínculos relacionales reales, carecen de la capacidad de saber, por ejemplo, cómo relacionarse sabiamente con gente del sexo opuesto. Muchos jóvenes tampoco saben cómo conseguir un trabajo, ni cómo comportarse como personas que van creciendo y deben hacerse cargo de sí mismas, cubriendo sus gastos personales y asumiendo más y más responsabilidades. ¡Creo que hay un espacio importante para que la Iglesia ofrezca habilidades formativas para la vida como parte del viaje del discipulado!

Ante este panorama, necesitamos urgentemente una nueva visión de cómo debe ser la formación cristiana integral en el siglo XXI. En esta nueva realidad, necesitamos educar a las personas para que puedan ver el poder formativo

Hablar con amor sobre los hábitos en línea es parte de la tarea de la iglesia de hoy.

(o deformativo) de lo que se consume en línea. Debemos enseñar la alfabetización mediática. Debemos animar la práctica de ayunos digitales. Y debemos tratar el tiempo excesivo en redes como un problema pastoral serio, comparable con otras adicciones. Hablar con amor sobre los hábitos en línea es parte de la tarea de la iglesia de hoy.

También debemos fomentar ritmos creativos durante la semana, para facilitar la comunidad, la educación, la belleza y el trabajo, centrados en Dios.

Y debemos tener presente que, como iglesia, no podemos concebirnos a nosotros mismos como proveedores de contenidos, ya que estos son encontrados en cantidades siderales y en calidad excepcional en línea. ¿Qué puede proporcionar una iglesia local que una búsqueda en Google no pueda ofrecer? Dar respuestas convincentes y atractivas a esta pregunta es uno de los desafíos más urgentes para la iglesia de este siglo.

INFORMAR VERSUS TRANSFORMAR

¿Cómo podríamos diferenciar en forma práctica la realidad digital de la analógica? Bueno, la primera primordialmente informa y comunica; la segunda, transforma e inspira. La información es un medio para lograr un fin; la transformación es el fin en sí mismo.

La información es sin duda un elemento importante en el discipulado y a la hora de compartir el Evangelio. Pero, en última instancia, estos no dependen mayormente de la información, sino de la transformación. Y la transformación siempre sucede en el ámbito de la encarnación, de la comunidad real de gente de carne y hueso.

> **La transformación es siempre una experiencia analógica.**

La transformación es siempre una experiencia analógica. Sucede a medida que pasamos tiempo hombro con hombro con otras personas, reuniéndonos de manera real como personas reales, mientras invitamos a Dios a cambiarnos individual y colectivamente. Experimentamos esta transformación de diversas maneras: cantando juntos, escuchando y hablando de la gracia y la verdad de Dios, compartiendo la Santa Cena, siendo generosos con nuestros recursos y tiempo, dando nuestra energía y creatividad, y recordando y celebrando los sacramentos, una y otra vez.

> **Lo analógico y lo digital pueden funcionar juntos, pero lo analógico debe seguir siendo el objetivo principal.**

Una iglesia relacional, combinada con la tecnología, tiene más potencial que nunca de alcanzar a más personas para el evangelio. El desafío es encontrar el equilibrio entre ambos extremos del espectro, sin sacrificar el uno por el otro. Vivimos en un mundo híbrido, uno que hace equilibrio permanentemente entre lo analógico y lo digital. En medio de esta realidad, las iglesias deben buscar el equilibrio adecuado (sobre todo porque en muchas otras áreas de

nuestras vidas hemos invertido esta ecuación). Lo analógico y lo digital pueden funcionar juntos, pero lo analógico debe seguir siendo el objetivo principal.

Nuestras iglesias tienen hoy la oportunidad (e incluso, me animaría a decir, el deber) de presentar esta visión contracultural, subversiva, desinteresada, generosa, y analógica de comunidad a un mundo que la necesita cada vez más desesperadamente.

TIEMPOS DISRUPTIVOS

Hoy está de moda el modelo de franquicias ministeriales a través de las iglesias multisitio. Estas iglesias suelen utilizar predicaciones vía video. Es algo así como el "modelo Starbucks" de la iglesia local: vayas donde vayas en el mundo, tendrás una taza de café con exactamente el mismo sabor y, obviamente, la misma experiencia. La idea parece genial, pero Starbucks tiene una deficiencia, y es que su conformidad aplana la creatividad de los empleados y propietarios de sus tiendas. Se vuelve una expresión acultural. En Starbucks, el café tiene el mismo sabor todos los días, y en cualquier ciudad o país en que te encuentres. Siempre vas a recibir la misma taza de café con sabor a quemado. Bueno, al menos los que tomamos café negro. (¿Acaso hay alguna otra forma de tomar el café?)

No estoy diciendo que aplicar este mismo modelo a la iglesia esté necesariamente mal, pero creo que debería haber más conversación al respecto. Lo que más me preocupa es que crea una cultura del pastor como "celebridad". Y además, ¿qué implica para un pastor vivir en una ciudad y predicar en video a personas que viven en otro lugar, en otra realidad, con desafíos propios de sus contextos? ¿Conviene? ¿Funciona? Hay mucho para pensar...

Por otra parte, mi sensación es que hoy, frente a tantos productos industriales, uniformes, y "perfectos", la gente está volviendo a valorar lo artesanal, lo orgánico, lo manual. La gente está valorando cada vez más lo auténtico, y se está volviendo escéptica frente a lo fabricado en cadenas de producción.

Hoy, frente a tantos productos industriales, uniformes, y "perfectos", la gente está volviendo a valorar lo artesanal, lo orgánico, lo manual.

Incluso en la iglesia (o sobre todo en la iglesia) la gente está buscando autenticidad. La gente está buscando un sentido de lo sagrado. La gente está buscando un encuentro real con Dios. ¿Y qué les estamos ofreciendo nosotros? Simplemente "contenido relevante". Y aquí no estamos usando el término "relevancia" en el sentido que le da la Real Academia Española, es decir, el de algo que es importante y significativo, sino que lo hacemos en el nuevo sentido que le han dado a esta palabra las marcas, que buscan nuevos clientes en las redes sociales. Desde los *millennials* hacia abajo, todos han sido sobrexpuestos a la publicidad durante toda su vida, así que pueden olernos desde lejos cuando les ofrecemos la iglesia como un producto para ser consumido. La iglesia y su mensaje profético y pastoral deberían ir en contra del flujo de la cultura, y deberían tener siempre un alto nivel de diferenciación con la narrativa secular.

Llevada al extremo, la tecnología digital aplicada a la iglesia socava su propio propósito. Los tiempos de adoración demasiado elaborados y pulidos pueden en realidad repeler a las mismas personas que las iglesias están tratando de atraer. Las nuevas generaciones no están buscando relevancia, que pueden encontrar en abundancia en línea, sino *trascendencia*, que es un bien mucho más escaso en estos días.

"Quiero un servicio que no sea sensacional, llamativo, o particularmente «relevante». Puedo ser entretenido en cualquier lugar. En la iglesia, no quiero estar entretenido. No quiero ser el objetivo del marketing de nadie. Quiero que me pidan participar en la vida de una comunidad del futuro antiguo". Amy Peterson

El problema tal vez sea que el *voyeurismo* de las redes nos invita permanentemente a la comparación. Hay tantas iglesias haciendo

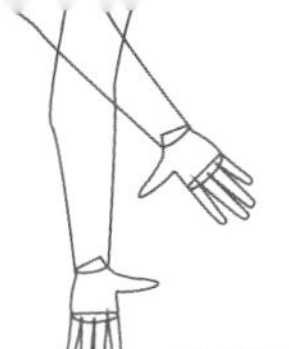

cosas increíbles, tantos predicadores extraordinarios, tantas bandas que suenan súper bien... que muchas veces esto nos tienta a tratar de imitar lo que no somos o no fuimos llamados a ser. Lo peor es que al poner esfuerzos en esto, quitamos nuestros ojos de las comunidades a las que hemos sido llamados a servir y de las personas que están justo frente nuestro, con todas sus peculiaridades, desafíos, riqueza, potencial sin explotar e historias originales. La gente en nuestras comunidades está llena de posibilidades, esperando que pastores creativos y visionarios vean lo que la mayoría aún no puede ver, y que les pinten una imagen de lo que podría resultar si se unieran a ellos para hacer realidad esas cosas. Hoy, más que nunca, necesitamos de una visión y corazones pastorales, fijando nuestra mirada en la vida de las personas que hemos sido llamados a servir, y creando espacios que acentúen sus historias singulares y proyecten una visión única de lo que juntos podríamos ser.

La creatividad y la innovación a menudo surgen de manera especial en momentos de limitaciones. Aprovechemos los tiempos disruptivos, de cambios drásticos y de crisis, para forzarnos a nosotros mismos a reimaginarnos qué tipo de iglesia debemos ser, cuáles serán nuestras prioridades y de qué manera ministraremos a nuestras ciudades de ahora en más.

La respuesta a las abrumadoras tendencias actuales que nos asfixian: el individualismo, la soledad y la sobreocupación, son las refrescantes actividades de la iglesia: reunirnos, orar, estudiar las escrituras y comer juntos.

SOBREDOSIS DIGITAL

"Cuando la vida en línea se convierte en tu único juego, surgen nuevas complicaciones. Si te sientes solo, puedes encontrar una conexión continua. Pero esto te hace sentir más aislado, sin personas reales a tu alrededor. Por lo tanto, regresas una y otra vez a Internet para obtener otra inyección de lo que se siente como una conexión". Sherry Turkle

Las redes sociales nos atraen bajo el disfraz de las pseudoconexiones, dándonos la falsa impresión de que contamos con muchos amigos. Pero debajo de esta máscara está la realidad de que los espacios digitales son en su mayor parte lugares solitarios. Siempre debemos estar atentos a lo que Dallas Willard llama "sustitutos tristes en forma de placeres". No perdamos el apetito por lo real: la verdadera conexión humana y la comunidad impulsada por la empatía. Sin esto, el discipulado de Jesús simplemente no es posible.

Hace unas semanas estaba leyendo el testimonio de un pastor que compartía su propia experiencia al enfrentar una crisis de formación espiritual en su vida. Él decía: *"¡Sí! El viaje espiritual se trata de crecer y madurar en personas de amor a través de la sanidad de nuestra alma y la restauración de nuestra relación con Dios. Las presiones, la sobreocupación, el ritmo ministerial desenfrenado, el sentirnos exhaustos y encima la tiranía del aparato de pantalla brillante que nos acompaña las veinticuatro horas, haciendo que estemos distraídos y simulando un universo de relaciones y vínculos falsos, hacen que sea cada día más difícil lograrlo. De hecho, me he encontrado con la sensación de no solo no estar progresando en mi vida espiritual, sino de estar retrocediendo y año tras año volviéndome más malhumorado, crítico, enojado y agotado emocionalmente. Pero lo más trágico, desconectado de mi mundo interior y perdiendo la frescura de la comunión genuina con Jesús."*

En esta realidad hiperconectada y sobrexpuesta que nos ofrecen las redes sociales, la importancia desmedida que le damos a la opinión de los demás muchas veces nos lleva a vivir vidas falsas y vacías. Mediante fachadas de perfección, las personas presentamos imágenes cuidadosamente seleccionadas y retocadas que todos los demás puedan observar. Así podemos caer fácilmente en la trampa de la apariencia. En realidad, nosotros sabemos que lo que presentamos no es más que un cuadro, incompleto y con filtros, de una historia real que no estamos mostrando, y terminamos sintiéndonos horriblemente mal con nosotros mismos.

Por otro lado, esas fachadas de perfección resultan tan empalagosas para el público, que hace un tiempo ha comenzado a circular y tener repercusión una nueva tendencia en redes sociales, que

propone mostrar nuestro lado más honesto, más genuino, sin tanto maquillaje y con más sabor a la vida cotidiana, y con pinceladas de pies sobre la tierra. Son imágenes no tan cuidadas, con los cabellos al viento y familias con menos poses artificiales.

Pasando esto al plano de nuestras comunidades, yo creo que estamos en problemas cuando nuestras actividades eclesiales se vuelven superficiales, y cuando le damos mayor importancia a la vestimenta y a una excelencia llevada al extremo que solo deshumaniza lo que mostramos.

En el mundo de hoy, la fatiga digital está aumentando de manera sorprendente. Estamos llegando a un punto en el que la gente está experimentando una sobredosis de lo genial y perfecto, pero lleno de superficialidad. Creo, incluso, que nos estamos acercando a una posible recesión digital, a una ruptura con las redes sociales. La gente se está hastiando de su uso porque estas solo la conducen a una mayor ansiedad e insatisfacción.

Aquí hay una oportunidad para que la Iglesia reconecte a las personas con la comunidad, con la autenticidad y con su propia humanidad. En un mundo digital que siempre les pide mostrar lo mejor de sí mismas, y autopromocionarse con fachadas de felicidad y diversión, nuestras iglesias deben convertirse en lugares seguros en donde las personas puedan mostrarse tal como son, sin filtros, con sus dolores y quebrantos, sabiendo que serán aceptadas, abrazadas y amadas.

> **Nuestras iglesias deben convertirse en lugares seguros en donde las personas puedan mostrarse tal como son, sin filtros, con sus dolores y quebrantos, sabiendo que serán aceptadas, abrazadas y amadas.**

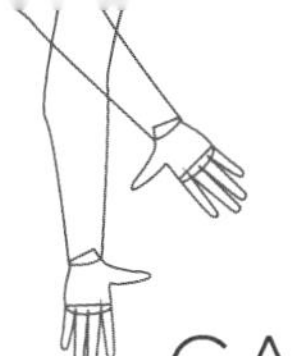

CAPÍTULO 20

EXTENDER LOS BRAZOS

"Amados, pongamos en práctica el amor mutuo, porque el amor es de Dios. Todo el que ama y es bondadoso da prueba de ser hijo de Dios y de conocerlo bien. El que no ama no conoce a Dios, porque Dios es amor. Dios nos demostró su amor enviando a su único Hijo a este perverso mundo para darnos vida eterna por medio de su muerte". 1 Juan 4:7-9

Jesús cuestionó el *statu quo* implacablemente. Aquellos que debían entender se habían dedicado, en cambio, a juzgar, a condenar, y chocaron de frente con el portador de la gracia y del amor incondicional de Dios. Pero si te fijas bien, Jesús se molestó únicamente con aquellos que, supuestamente, ya deberían haber aprendido ciertas cosas. Ni una sola vez vemos a Jesús frustrado, enojado o decepcionado con los quebrantados, los vulnerables, los que se reconocían pecadores. Ni una sola vez.

El modelo de Jesús es cercano, sensible, amable y tierno hacia los pródigos, hacia los perdidos. Él comió con colaboradores romanos, con recaudadores de impuestos y con aquellos a quienes todo el mundo llamaba "pecadores". Los que más se sintieron atraídos por Él fueron los que no tenían nada que perder: mujeres, niños, jóvenes pescadores, pobres, marginados, discapacitados. Con esta banda de inadaptados y andrajosos, Él cambió el mundo entero.

El modelo de Jesús es tomar la iniciativa, es acercarse, ser vulnerable, invertir tiempo, escuchar con atención, observar. El modelo de Jesús es extender los brazos para alcanzar y abrazar a quien lo necesita.

La raza humana es una banda de exiliados que intenta volver al hogar, de modo que la parábola del hijo pródigo en Lucas 15:11-32 se refiere a cada uno de nosotros.

Ser ministros de la reconciliación en la verdadera forma de Jesús encarnado, implica sentirnos llamados a caminar junto a los demás como amigos, incluso cuando ellos pequen sin remordimientos. ¿Nuestra proximidad y presencia significan que aprobamos sus estilos de vida? No. Solo significan que no los abandonamos cuando pecan. Esto es lo que hizo el Jesús encarnado, y por eso tenemos el permiso y el protocolo para hacer lo mismo.

"La cultura ha aceptado dos mentiras: si no estás de acuerdo con el estilo de vida de alguien, es porque le tienes miedo o lo odias. Amar a alguien es estar de acuerdo con todo lo que cree o hace. No tienes que comprometer tus convicciones para ser compasivo".
Rick Warren

Lo que lleva a la gente a Jesús no suele ser algo genial o innovador. No es un programa, no son sermones asombrosos ni producciones glamorosas. Son cristianos amorosos que se preocupan lo suficiente como para orar, hacerse amigos y simplemente pasar tiempo con las personas que no conocen a Jesús.

Se trata de un proceso que involucra el estar con alguien y pasar mucho tiempo a su lado, antes de empezar a pensar en que tenemos algo que ofrecerles. Se necesita invertir tiempo para establecer la confianza en que realmente queremos lo mejor para ellos. Entonces, y solo entonces, podremos dirigirlos efectivamente a Jesús.

El mensaje de las Escrituras es que la raza humana es una banda de exiliados que intentan volver al hogar, de modo que la parábola del hijo pródigo en Lucas 15:11-32 se refiere a cada uno de nosotros.

Nuestras iglesias deben ser un camino pavimentado y bien señalizado para el regreso a casa de los exiliados. Un camino de

regreso para aquellos que estuvieron y que por diferentes razones se fueron… tan lejos que la vergüenza les impide regresar. Un hogar para aquellos que pertenecen a esta familia y viven como huérfanos porque todavía no descubrieron que hay un Padre que los ama y los espera. Un portón abierto con un gran cartel en letras de neón que diga: *"Te estuvimos esperando todo este tiempo, bienvenido a este espacio de aceptación, participación, comprensión y encuentro. Bienvenido a tu familia"*.

Somos la iglesia que debe abrir ese camino, liderando con amor y empatía y reconociendo la imagen de Dios en el otro. Las nuevas generaciones necesitan desesperadamente una iglesia que no los juzgue ni los critique, sino que les muestre el amor verdadero que solo a través de Jesús pueden recibir.

¿Qué tipo de personas se sienten cómodas alrededor de nosotros y en nuestras iglesias?

Philip Yancey en *The Jesus I Never Knew* (El Jesús que nunca conocí) cuenta que cuanto más desagradables eran los personajes, más cómodos parecían sentirse alrededor de Jesús. Entre las personas que buscaron a Jesús estuvieron: un samaritano que era un paria social, un oficial militar del tirano Herodes, un recaudador de impuestos colaboracionista del imperio romano, y una mujer que había tenido siete demonios. Por otro lado, parece ser que Jesús recibía casi siempre una fría respuesta por parte de las personas más respetables. Los fariseos piadosos lo consideraban grosero y mundano, un joven rico se alejó de Él meneando la cabeza e incluso Nicodemo, que era una persona de mente abierta, buscó reunirse con Él amparándose en la densa oscuridad de la noche. Es curioso, pero la iglesia de hoy parece atraer principalmente a tipos "respetables", que se parecen bastante a las personas que más sospechaban de Jesús en su época.

En este mundo que admira a los ricos, a los hermosos y a los exitosos, la gracia de Dios, sin embargo, introduce una nueva lógica. Una nueva forma de conectarnos. Debido a que Dios ama a los pobres, a los que sufren, a los perseguidos, a los inmigrantes, a los marginales… nosotros también debemos hacerlo. Debido a que Dios no los ve como indeseables, nosotros tampoco deberíamos verlos

Trabajemos para asegurarnos de que la iglesia sea una comunidad que siempre tenga lugar para los que nadie quiere.

así. Con su propio ejemplo, Jesús nos desafió a mirar el mundo a través de lo que Ireneo llamaría "ojos sanados por la gracia". La respuesta de Jesús a las personas que sufren y a los "don nadie" nos permite conocer profundamente el corazón de Dios. Trabajemos para asegurarnos de que la iglesia sea una comunidad que siempre tenga lugar para los que nadie quiere.

"Uno de los misterios de la tradición del evangelio es esta extraña atracción de Jesús por los poco atractivos, este extraño deseo por los indeseables, este extraño amor por los desagradables. La clave de este misterio es, por supuesto, Abba. Jesús hace lo que ve hacer al Padre; ama a los que ama el Padre". Brennan Manning

FAMILIAS EN MISIÓN

La casa donde pasé mi adolescencia y juventud estuvo abierta a la comunidad cada semana durante treinta años, hasta hace apenas unos meses atrás, cuando partió Margarita, mi mamá. Por esa casa pasaron cientos de niños, adolescentes, jóvenes, adultos y familias enteras que en muchos casos descubrieron allí la fe y luego crecieron en Jesús en el cálido ambiente de un hogar. De entre las familias pertenecientes a la iglesia de ese pequeño pueblo, aquella era una de las varias casas que se abrían cada semana en los distintos barrios. Así, crecimos con un grupo de amigos y amigas con los que compartimos y disfrutamos el servicio al Señor y a la gente de ese pueblo y de otros pueblos de la zona. En ese barrio de gente trabajadora, vi en muchas ocasiones a mi mamá abrir la casa para chicos del vecindario que pasaban pidiendo algo para comer. Ella les preparaba leche chocolatada, un sándwich, les lavaba las manos y la cara y, sentados a la mesa, experimentaban el calor de una mamá del corazón y de una familia. Por eso no me sorprendía cuando, caminando por el vecindario, chicos de todas las edades la saludaban

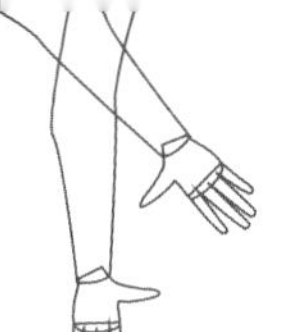

por su nombre con alegría. Mi mamá me modeló y me enseñó de qué se trataba ser iglesia: era ser una casa de luz en medio de un vecindario necesitado.

"El discipulado tiene lugar en el contexto de unirse a Dios en su misión, porque Jesús llama a sus discípulos inmediatamente a una misión aventurera. Esto sucede en la sala de estar más que en el aula y en las calles más que en el santuario". JR Woodward

¡Imaginemos juntos lo que podría suceder en nuestras ciudades si cada una de las familias de nuestras iglesias abriera sus puertas a sus vecinos para dar generosamente, para hospedar, para cuidar, para alimentar y para expresar el amor y la gracia incondicional de Jesús!

Mucho de la iglesia que viene sucederá en los hogares.

Como ya mencioné antes, creo que mucho de la iglesia que viene sucederá en los hogares. Nuestra pequeña primera iglesia es nuestra familia, aquellos con quienes compartimos más tiempo. Son nuestros cónyuges, hijos, padres y hermanos. Allí el rol pastoral y discipulador de los padres es esencial, y desde la iglesia debemos equipar y poner herramientas en las manos de los padres para que puedan cumplir con este rol fundamental dentro del cuerpo de Cristo.

También, como familias, somos parte de la misión en nuestras comunidades. Somos familias en misión. Familias cristianas que estamos inmersas en el barrio y participando plenamente de su vida, descubriendo las necesidades de los ciudadanos y supliéndolas en el nombre de Jesús.

Lo que la mayoría de las familias necesita no es hacer más cosas sino vivir su llamado como misioneros en las cosas que ya están haciendo.

Lo que la mayoría de las familias necesita no es hacer más cosas sino vivir su llamado como misioneros en las cosas que ya están haciendo. En todo lugar a donde vayamos, sea este un juego de fútbol, un restaurante o simplemente donde hacemos las compras, allí estará nuestra área de influencia.

Para estar en misión, las familias no necesitan un cambio de actividad, sino de identidad. Como cristianos, no somos personas que hacemos ministerio; somos ministros. No somos personas que hacemos misión; somos misioneros. Y a medida que vivimos nuestra identidad como misioneros, comenzaremos a ver nuestras actividades diarias como oportunidades para ser testigos de Jesús.

Como dice Pedro:

"Pero ustedes son una familia escogida, son sacerdotes reales y son una nación santa. Son un pueblo que Dios compró para que anuncien sus obras extraordinarias; él fue quien los llamó de las tinieblas a su luz maravillosa". 1 Pedro 2:9

Los padres debemos involucrar a nuestros hijos en la misión de ayudar a aquellos que son menos afortunados que nosotros. Las Escrituras están repletas de ejemplos del pueblo de Dios compartiendo sus posesiones con los necesitados, y hacemos bien si seguimos este ejemplo. Como padres, discipulemos a nuestros hijos haciendo juntos este servicio compasivo. Viviendo vidas simples, siendo generosos, apoyando, alentando y alimentando el deseo piadoso de cuidar de los más vulnerables. A medida que guiamos a nuestros hijos en la misión, no solo ayudamos a los demás, sino que también nuestros hijos se benefician: aprenden haciendo, y así desarrollan una fe activa y vivencial.

Como señala Santiago, una fe en Cristo que no conduce a la misión y a las buenas obras no es fe en absoluto:

"Hermanos míos, ¿de qué le sirve a uno decir que tiene fe si no lo demuestra con sus acciones? ¿Acaso podrá salvarlo esa fe? Por ejemplo: un hermano o una hermana no tiene ropa para vestirse y tampoco tiene el alimento necesario para cada día. Si uno de ustedes le dice: «Que te vaya bien, abrígate y come todo lo que quieras», pero no le da lo que necesita su cuerpo, ¿de qué le sirve? Así pasa también con la fe: por sí sola, sin acciones, está muerta". Santiago 2:14-17

Para mostrarles a nuestros hijos el modelo de una fe viva, vivamos junto a ellos la experiencia de servir a los demás.

Una buena pregunta que podemos hacerles para comenzar es: ¿qué es lo que Dios se propone hacer en este barrio a través de nuestra familia?

La iglesia compuesta de familias en misión practica la escucha hacia las personas de la comunidad y se abre a dejarse sorprender por los propósitos de Dios para ellos allí. En lugar de anunciar simplemente al mundo lo que este necesita saber, la iglesia escucha, aprende y se une a lo que Dios ya está haciendo. El ministerio se trata de unirse a Dios allí donde Él está...

"Entonces yo, el Rey, diré a los de mi derecha: «Vengan, benditos de mi Padre. Entren al reino que está preparado para ustedes desde la fundación del mundo, porque tuve hambre y me dieron de comer; tuve sed y me dieron de beber; fui forastero y me alojaron en sus casas; estuve desnudo y me vistieron; enfermo y en prisión, y me visitaron».

Y los justos me preguntarán: «Señor, ¿cuándo te vimos con hambre y te alimentamos, o sediento y te dimos de beber? ¿Cuándo te vimos forastero y te alojamos en casa, o desnudo y te vestimos? ¿Y cuándo te vimos enfermo o en prisión y te visitamos?».

Yo, el Rey, les responderé: «Todo lo que hicieron a mis hermanos necesitados a mí me lo hicieron»". Mateo 25:34-40

ABRAZAR NUESTROS VECINDARIOS

"La iglesia misional es encarnacional en su eclesiología. Por encarnación queremos decir que no se crean espacios santificados a los que los incrédulos deben acudir para encontrar el evangelio. Más bien, la iglesia misional se desarma y se filtra entre las grietas y hendiduras de la sociedad para ser Cristo para aquellos que aún no lo conocen". Michael Frost

La iglesia relacional es una iglesia cuyos miembros se relacionan entre sí y también con su contexto, lo abrazan y lo transforman.

Entre los extremos de las iglesias tradicionales de ideología liberal (que son como centros de servicio social en donde impera el lenguaje de los activistas de derechos seculares), y de las iglesias atractivas para los consumidores (que muestran a Cristo como un camino hacia la autorrealización y la prosperidad, y no como un modelo de servicio radical a otros), se encuentra la iglesia relacional en misión. Esta es una iglesia cuyos miembros se relacionan entre sí y también con su contexto, lo abrazan y lo transforman.

El modelo encarnacional existe allí donde los cristianos viven geográficamente en proximidad unos de otros, forman una comunidad de relaciones fuertes y ricas, y luego se involucran profundamente en la vida cívica y corporativa de su barrio o ciudad.

Las iglesias tenemos la gran oportunidad y el enorme desafío de ser una comunidad que contraste frente a una sociedad deshumanizada. Para ello, la calidad, la calidez y la belleza de nuestra vida en comunidad deben ser una parte esencial de nuestro testimonio y misión al mundo. Así, la comunidad cristiana crecerá orgánicamente, llegando gradualmente a abarcar incluso a muchos de los no creyentes que trabajan por la paz y la justicia en el barrio, a través de esfuerzos integrales para alcanzar a otros, e interactuando con la cultura mediante las vocaciones de cada uno.

La tarea no es sencilla. Para ser una iglesia verdaderamente misional se requiere una profunda reflexión sobre la cultura, así como también descubrir formas creativas de comunicación y diseñar prácticas que se adapten a la cultura y, a la vez, la desafíen. Tenemos la necesidad de contextualizar el mensaje del evangelio a fin de que sea comprensible y atractivo para las personas en una sociedad poscristiana. Tenemos el desafío continuo de ser lo suficientemente provocadores como para estimular el interés de las personas, sin ser tan conflictivos como para ofenderlos. Decirle a la gente

simplemente lo que ya sabe es reconfortante para el que escucha y fácil para el que enseña, pero no logra nada. Para que ocurran cambios, tenemos que crear disonancia; una especie de disrupción en el pensamiento de las personas para que reconsideren el *statu quo* en el que viven.

La misión, entonces, en última instancia, no se trata solo de llevar a los individuos a una buena relación con Dios, sino de incluirlos en una nueva comunidad que se asocia con Dios para redimir las estructuras sociales y sanar al mundo.

Las reuniones de la iglesia primitiva no eran solamente un lugar para adorar, ser animados y aprender. ¡Desde allí enviaban discípulos a transformar el mundo!

> **Ya no podemos pensar en la iglesia como una reunión semanal.**

Ya no podemos pensar en la iglesia como una reunión de domingo por la mañana. Necesitamos hacer iglesia y misión en el contexto de la vida diaria. Debemos imaginar a la iglesia como una comunidad de personas que comparten la vida y están conscientes de la misión en el contexto de la vida ordinaria. Debemos ser una iglesia cotidiana con una misión cotidiana.

Necesitamos misioneros con mentalidad antropológica y pasión relacional, que sirvan a la gente con humildad y gracia. Y necesitamos convertirnos en especialistas en el contexto. Para ello, debemos involucrar tanto a los adultos como a los adolescentes, a los jóvenes como a los ancianos, ya que el discernimiento para la contextualización siempre se logra mejor en grupo que individualmente.

Necesitamos iglesias contextuales, practicantes de la comunión, misionales, presentes, y que estén viviendo el evangelio en el mundo real.

OIKOS

El Padre envió al Hijo. Y Jesús envió al Espíritu Santo y a cada uno de sus discípulos al mundo. Así que todos somos enviados. Cada uno de nosotros estamos permanentemente en misión. Dios nunca nos llama para bendecirnos sin enviarnos también a ser de bendición para otros.

"Pero ustedes son una familia escogida, son sacerdotes reales y son una nación santa. Son un pueblo que Dios compró para que anuncien sus obras extraordinarias...". 1 Pedro 2:9

> **Dios nunca nos llama para bendecirnos sin enviarnos también a ser de bendición para otros.**

La palabra griega para una esfera de influencia, red de relaciones, o amigos y familiares, es *"oikos"*. En la iglesia primitiva, el evangelio no se difundió mayormente a través de la predicación; creció gracias a que cada cristiano compartía las buenas noticias en el *oikos*. La difusión de las buenas nuevas es el fruto natural de la mayordomía de toda nuestra red relacional.

Las iglesias que abrazan a sus vecindarios asumen la responsabilidad de desafiar a cada individuo de su congregación a pensar estratégicamente sobre su propia esfera de influencia. El evangelismo no es un programa de la iglesia; es la administración de toda nuestra red de relaciones, la administración de nuestro *oikos*.

> **La difusión de las buenas nuevas es el fruto natural de la mayordomía de toda nuestra red relacional.**

Tim Keller menciona en *The Church as an Unstoppable Force* (La iglesia como una fuerza imparable) que hay dos factores fundamentales que deben estar presentes para que suceda la evangelización en nuestra red de relaciones:

Primero, los rasgos de carácter individual. Nuestro carácter como

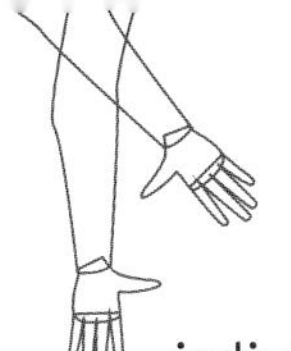

individuos debe ser diferente. Los cristianos de la iglesia primitiva eran conocidos por su...

- *Integridad*: honestidad y trato justo.

- *Generosidad*: en relación con los clientes, empleados, proveedores, etc. Ellos regalaban dinero en proporciones asombrosas. Las personas verdaderamente generosas ganan mucho menos dinero del que podrían haber ganado, porque deciden ser generosas con otros.

- *Hospitalidad*: ellos abrían sus hogares y compartían sus posesiones.

- *Simpatía*: ellos estaban dispuestos a perdonar y sacrificarse para restaurar y mantener relaciones.

- *Castidad*: el enfoque de los primeros cristianos acerca de la sexualidad era asombroso para su *oikos*. Se trataba de una relación consensual y restringida dentro del matrimonio. No hay sexo sin pacto, no hay entrega del cuerpo sin entrega de toda la vida. Esto era único en el primer siglo y lo sigue siendo hoy. No hay testimonio posible si no estamos comprometidos con la pureza sexual.

- *Forma de lidiar con la adversidad*: ellos enfrentaron la adversidad con la gracia, estando dispuestos a sufrir por causa del evangelio.

Segundo, los rasgos de carácter de la comunidad. Si una comunidad de fe no se distingue por exhibir ciertos rasgos de carácter, no tendrá muchas oportunidades para compartir el evangelio. Muchas de estas ideas están ampliadas en el capítulo *Allelon*, pero en forma breve podemos decir que las primeras comunidades cristianas eran conocidas por ser...

- *Multiétnicas*. El cristianismo fue la primera religión en ser multiétnica. Antes del cristianismo, nadie elegía su religión. Los dioses provenían de la cultura y la geografía de cada persona. Pero, desde el principio, cualquier persona perteneciente a cualquier grupo racial podía optar por convertirse en cristiana.

- Comprometidas con los pobres y marginados.

- Sin represalias.

- Sin infanticidios ni abortos.

- Con una sólida ética sexual cristiana.

Es curioso observar que hoy en día pensamos en los dos primeros puntos como características liberales, y pensamos en los dos últimos puntos como características conservadoras. Sin embargo, el tercer punto no parece corresponder a ninguno de esos dos extremos. Encontrar una comunidad con estas cinco características era raro en el primer siglo y lo es todavía hoy.

Pero volvamos al tema del *oikos*.

En el capítulo 5 de Marcos vemos la dramática historia de la liberación de un endemoniado, y de cómo los demonios, al salir del hombre, entraron en un grupo de cerdos que se precipitaron al lago por un despeñadero y se ahogaron. Este hombre, que había vivido en cautividad y ahora estaba completamente libre, se acercó a la barca y le suplicó a Jesús que lo dejara ir con Él desde el lado oriental (griego), hasta el oeste (el lado judío) del mar de Galilea.

Jesús le negó su solicitud, no porque estuviera siendo malo, sino porque estaba siendo estratégico. Jesús sabía que el hombre ya estaba profundamente arraigado en su *oikos* griego, en su conjunto de normas sociales y redes relacionales que incluían el idioma y también costumbres, rituales, comida y valores bastante diferentes a los del contexto judío con el que se encontraría al otro lado del lago. Por eso leemos en el versículo 19 que Jesús le dijo: *"Vete a tu casa, con los tuyos…"* (el equivalente a decir "Vuelve a tu *oikos*") *"…y cuéntales las maravillas que el Señor ha hecho contigo, y cómo tuvo misericordia de ti"*.

Y así este hombre, que ahora ya estaba completamente sano y tenía una dramática historia de redención que contar, regresó a su red social y les habló de lo que Jesús había hecho por él, ¡y la Biblia dice que la gente se maravillaba al oírlo! De hecho, más adelante, cuando Jesús regresó al lado oriental del lago, fue acosado como

si fuera una estrella de rock. ¿Por qué? Porque este hombre había regresado a su *oikos* y había hecho lo que Jesús le dijo que hiciera.

Hoy, de la misma manera, debemos ver la importancia de ayudar a las personas a identificar, abrazar y amar a las personas en sus esferas de influencia únicas y en sus redes relacionales ya existentes, de manera que puedan compartir las buenas nuevas cada uno con su *oikos*.

Los sociólogos dicen que en la actualidad, cada uno de nosotros vive en cinco "vecindarios": el familiar (nuestra familia de sangre), el geográfico (nuestros vecinos, aquellas personas que viven cerca de donde vivimos), el relacional (nuestros amigos y conocidos), el digital (nuestras relaciones en línea, amigos de redes sociales y seguidores) y el de afinidad (aquellas personas con quienes compartimos intereses y pasiones similares; por ejemplo: aficionados a algún deporte, madres jóvenes, fanáticos de series y películas, amantes de la cocina, etc.). Cada uno de nosotros vive inmerso en esos cinco vecindarios, y estos espacios colectivos son el *oikos* de cada persona.

> **Las iglesias relacionales son intencionales en ayudar a las personas a mirar a su alrededor y en su oikos.**

Las iglesias relacionales son intencionales en ayudar a las personas a mirar a su alrededor y pensar en sus cinco vecindarios, en su *oikos*, con la mentalidad del Reino.

COMUNIDAD EN MOVIMIENTO

"Communitas es la comunidad, la reunión de creyentes que nace de una aventura, una prueba, un desafío o una misión". Alan Hirsch

Los lazos comunitarios más fuertes son los que se tejen en el contexto de un calvario compartido, o cuando las personas se involucran con otros en una misión más grande que ellos mismos. Demasiada preocupación por la seguridad, combinada con la comodidad y la conveniencia, nos han alejado de nuestra verdadera vocación y propósito.

Demasiada preocupación por la seguridad, combinada con la comodidad y la conveniencia, nos han alejado de nuestra verdadera vocación y propósito.

En el libro *The Faith of Leap* (literalmente "la fe del salto", un juego de palabras que invierte la expresión tradicional "el salto de fe"), Michael Frost explica que cuando estudiamos el libro de los Hechos nos damos cuenta de que aquellos felices primeros días de la iglesia fueron también de corta duración. Por deliciosa que pareciera la inclusión de compartir posesiones, comer juntos y reunirse bajo la enseñanza de los apóstoles, todo esto era en realidad una contravención del mandato de Jesús de llevar el evangelio hasta los confines de la tierra.

De hecho, la iglesia primitiva de Jerusalén era una comunidad en transición. La que una vez había sido una comunidad itinerante de discípulos centrada en Jesús, se había convertido ahora en un grupo estático que hizo base acampando en Jerusalén.

Al final del capítulo 2 del libro de los Hechos podemos leer la siguiente descripción de la comunidad de los creyentes:

"Los que creyeron sus palabras, unos tres mil en total, se bautizaron y se unieron a los demás creyentes que se congregaban regularmente para escuchar las enseñanzas de los apóstoles, tener comunión unos con otros, compartir el pan y orar.

Un profundo temor reverencial vino sobre toda la gente y los apóstoles seguían realizando milagros y señales.

Los creyentes permanecían constantemente unidos y compartían entre sí todas las cosas; vendían sus propiedades y repartían el dinero entre los que estaban necesitados. Todos los días se reunían en el templo y en los hogares, compartían los alimentos con regocijo

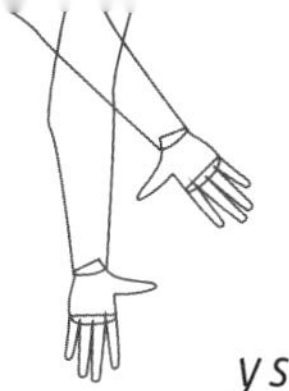

y sencillez de corazón y alababan a Dios. Todo el mundo simpatizaba con ellos y todos los días el Señor añadía a la comunidad a los que habían de ser salvos". Hechos 2:41-47

Sin embargo, poco después de esta hermosa descripción de una comunidad tan dulce, agradable, amorosa y unida, leemos en Hechos capítulos 6 al 8 sobre el arresto y martirio de Esteban, que da comienzo a una gran ola de persecución contra los creyentes. Así, la iglesia se comenzó a dispersar, y como consecuencia de esa dispersión redescubrió su mandato original: ser una comunidad en movimiento, un pueblo misionero.

En el capítulo 9 leemos sobre la conversión de Saulo, quien antes había perseguido furiosamente a los cristianos. A él se unen hombres como Bernabé, Timoteo, Silas y Juan Marcos. Juntos sobrevivirán golpizas, naufragios, encarcelamientos y largos viajes a través de tierras peligrosas, todo por compartir el mensaje del evangelio.

La comunidad cristiana es el resultado de la causa mayor de la misión cristiana. Cuando aspiramos a la comunidad, es un poco como aspirar a la felicidad. No es un objetivo en sí mismo. Encontramos la felicidad como el efecto secundario de perseguir el amor, la justicia, la hospitalidad y la generosidad. Cuando aspiramos a la felicidad, seguramente no la encontraremos o la perderemos pronto. Lo mismo ocurre con la comunidad. No debe ser nuestro objetivo. Debe surgir como el subproducto de perseguir otra cosa. Aquellos que aman la comunidad la destruyen, pero aquellos que aman a las personas construyen comunidad.

> **La comunidad cristiana es el resultado de la causa mayor de la misión cristiana.**

El antropólogo Victor Turner utilizó por primera vez el término *communitas* en su libro de 1969 titulado *The Ritual Process* (El proceso ritual). Si bien existen algunas similitudes entre comunidad y *communitas*, existen algunas diferencias bien marcadas:

La **comunidad** está *enfocada en sí misma*. Se trata de un grupo de personas comprometidas entre sí para animarse y edificarse mutuamente. Se la conoce como un "lugar seguro", un lugar donde los miembros pueden ser abiertos y vulnerables, y recibir apoyo, comprensión y cuidado mutuo. Todos anhelamos y necesitamos experimentar esto, pero no podemos correr el riesgo de convertirlo en un fin en sí mismo. La comunidad no debe ser un fin. Debe ser un medio.

Communitas existe cuando un grupo de personas experimentan juntas el sentido de comunidad, pero están *enfocadas fuera de sí mismas*, en la tarea por realizar y en la misión. Estas personas, entonces, empujan a la iglesia y a la sociedad hacia adelante.

La *communitas* se experimenta a través de la liminalidad (del latín *limes*, "límite" o "frontera"). Lo liminal es un estado, una fase o condición intermedia o de transición. Es el estado entre lo que ha sido y lo que vendrá, entre lo que es ideal y lo que todavía no lo es. Es estar en un umbral, entre una cosa que se ha ido y otra que está por llegar. Los exiliados, por ejemplo, viven en un estado liminal. Y desde la caída de Adán y Eva en el huerto, el pueblo de Dios siempre ha sido llamado a vivir en el exilio.

"Queridos hermanos, les pido, como si ustedes fueran extranjeros y estuvieran de paso por este mundo..." 1 Pedro 2:11

Los cristianos vivimos en este mundo, pero no somos de este mundo.

Aunque esta antropología puede parecer algo oscura, el concepto de *communitas* no es tan inusual como parece. Todos sabemos que cuando las personas enfrentan un desafío o una prueba difícil, desarrollan un sentido de comunión mucho más profundo entre sí. Cualquier grupo de personas en un estado liminal, de seguro habrá experimentado un sentido de comunidad mucho más profundo que el que puede encontrarse en la sociedad en general.

¿Por qué aquellos que han servido juntos en el ejército, especialmente aquellos que han arriesgado sus vidas juntos en algún combate, se sienten unidos para siempre? ¿O los policías y bomberos? ¿Y qué de los misioneros? ¿Por qué cuando haces un viaje misionero a algún país lejano o sirves en misión con otras personas en un lugar diferente, esas memorias permanecen, y los recuerdos que provienen de los vínculos que se crearon duran mucho más que

los creados en nuestras comunidades seguras de la iglesia? Incluso si nos encontramos en un equipo, con personas que no nos caen del todo bien, la experiencia compartida de la liminalidad eventualmente borra nuestras pequeñas diferencias, uniéndonos fuertemente, porque nos vemos obligados a depender unos de otros simplemente para sobrevivir. Es este sentido de liminalidad, alimentado por la aventura y el desafío de completar ciertas tareas juntos, lo que fomenta la *communitas*.

Este es, obviamente, el nivel de compañerismo que sintieron los primeros discípulos de Jesús. Con Jesús en el centro, ellos experimentaron una liminalidad y una *communitas* tan profunda, que impactó fuertemente a la sociedad de la época, alterando la historia del mundo para siempre. Aunque a veces imaginamos erróneamente que los discípulos de Jesús eran una banda feliz de vagabundos andrajosos que viajaban despreocupados por Palestina, debemos recordar que los doce apóstoles lo habían dejado todo para seguir a Jesús. Ellos son un ejemplo perfecto de una sociedad liminal.

Kurt Hahn, el gran educador alemán, comprendió la importancia de la liminalidad cuando fue pionero en lo que llamó "aprendizaje expedicionario". El aprendizaje expedicionario utiliza experiencias aventureras (liminales) para crear situaciones de aprendizaje. Él descubrió que:

- El aprendizaje ocurre mejor con emoción, desafío y el apoyo necesario. Las personas se descubren a sí mismas, sus habilidades, valores, pasiones y responsabilidades, en situaciones que ofrecen aventuras y encuentros con lo inesperado.

- En situaciones de liminalidad y riesgo, la innovación ocurre inevitablemente y conduce a generar y a probar la viabilidad de las ideas.

- En situaciones liminales descubrimos que el aprendizaje es tanto un proceso personal de descubrimiento como una actividad social. Todos aprenden tanto individualmente como en grupo.

- La liminalidad crea condiciones de apoyo mutuo, empatía, cariño y una mayor confianza mutua.

- Se aprenden lecciones vitales tanto del fracaso como del éxito.

Finalmente, todo esto nos trae de vuelta al presente, donde muchas iglesias comenzaron a redescubrir su propósito como una familia que se cuida y se apoya entre sí, pero que no se queda solo allí, sino que sale a compartir el mensaje de fe y esperanza mientras ayuda a los más vulnerables de la sociedad. Estamos en un proceso de cambios muy fuertes, del que podemos salir beneficiados si logramos verlo con la imaginación y la creatividad que tuvieron los apóstoles de la iglesia en dispersión.

Imagínate que tu iglesia exigiera tu lealtad y tu asistencia semanal sin darte una causa más grande en la cual colaborar. ¿Alguna vez has notado cuántos hombres asisten a la adoración solo de vez en cuando y de mala gana, pero cuando hay un día de mantenimiento o construcción en la iglesia se presentan con alegría y trabajan duro desde la mañana hasta la noche? Esto ocurre porque las jornadas laborales nos dan una sensación de aventura, de mini-*communitas*. Sentarse a escuchar una predicación y cantar unas alabanzas es como sentarse a los pies de los apóstoles a beber de su enseñanza en la Jerusalén del primer siglo. ¿Tiene un propósito útil? Por supuesto, pero el propósito final de la iglesia de Jerusalén era ir y hacer discípulos de todas las naciones. No hay duda de que la enseñanza de los apóstoles fue esencial, pero no como un fin en sí misma. Su enseñanza tenía el propósito de movilizar a los creyentes comunes para que salieran al mundo, bautizaran a nuevos discípulos y les enseñaran todo lo que Cristo les ordenó. Asistir cada domingo a una iglesia respetable, de clase media, en un barrio respetable y de clase media no es una experiencia liminal. Pero involucrarte activamente en los vecindarios carenciados de la ciudad para cuidar y servir a los necesitados definitivamente lo es.

¿Por qué nuestras iglesias en ocasiones se pierden esta experiencia de *communitas*? Quizás porque evitamos la liminalidad, eligiendo movernos en contextos seguros y protegidos. Por supuesto, no estoy sugiriendo ni por un instante que la *communitas* cristiana

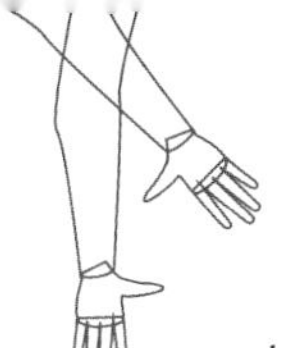

no debería abordar la necesidad que todos tenemos de seguridad, conexión, y amistad. De hecho, gran parte de este libro se trata de eso. Sin embargo, creo que deberíamos crear espacios seguros, no como una alternativa al compromiso misional en nuestro mundo, sino como una experiencia paralela de acompañamiento, necesaria para ese compromiso. La iglesia es la única institución que tiene la comunidad incorporada en su misión como algo no negociable.

¿Y que de los más chicos? Bueno, las nuevas generaciones también se comprometen cuando sienten que están haciendo una diferencia con sus vidas. Ellos no están interesados en trabajar largas horas para construir un reino temporal para otro, ya sea un pastor o un líder, y ni siquiera están interesados en subir ellos en "la escala corporativa". Pero sí están dispuestos a esforzarse por una causa y una visión más grande que ellos mismos. Y se comprometen cuando saben que es para hacer una diferencia y dejar su marca.

> **Deberíamos crear espacios seguros, no como una alternativa al compromiso misional en nuestro mundo sino como una experiencia de acompañamiento necesaria para ese compromiso.**

Muchos adultos invierten sus vidas en trabajos que no disfrutan por no querer tomar riesgos persiguiendo los sueños y el llamado que Dios puso en ellos, o porque no tienen otra opción, o simplemente porque tienen buenos beneficios, pero viven vidas vacías y sin sentido. Pero los más jóvenes no están dispuestos a negociar eso. Para ellos, más importante que la posición y los ingresos es sentir que están entregando sus vidas por una causa que vale la pena.

Pero más allá de la edad, a todas las personas las moviliza el trabajar para una causa mayor. Las personas necesitan saber que con su contribución pueden hacer la diferencia en la vida de otros. La búsqueda de la justicia social y la compasión son motores que proporcionan sentido al esfuerzo, y la asociación, la colaboración y la generosidad son un lenguaje que todas las personas hablan e interpretan.

Creo que el llamado para la iglesia de hoy es un llamado a vivir valientemente en medio de tiempos complejos, y en medio de un desierto de incredulidad cultural.

Y creo que si realmente queremos ser un pueblo contracultural, un buen comienzo es aprender a escuchar más. Escuchar a nuestros vecinos, a los enojados, a los temerosos, a los heridos y a los marginados. Simplemente escucharlos. Y aprender a esperar en fe, mientras nos aferramos firmemente a la promesa de que *"El pueblo que anda en tinieblas verá una gran luz..."* (Isaías 9:2). Necesitamos regresar a la buena noticia del Evangelio, que trae luz para deshacer las tinieblas, esperanza para transformar la desesperación y paz para vencer la violencia.

Así, nuestra escucha y nuestra espera nos llevarán a mostrar una forma única y contracultural de vivir y de hablar, en la que la justicia y la misericordia se extenderán a todos los pueblos, la civilidad de nuestra propuesta conquistará la retórica airada imperante, y la compasión llegará a los pobres, los indigentes y los hambrientos. Una forma de vida en la que el lenguaje sencillo y honesto superará al engaño y a la hipocresía y en la que la gentileza, la amabilidad, la generosidad, la empatía y la bondad permearán nuestras vidas, nuestros vecindarios y nuestras ciudades.

No será fácil, pero valdrá la pena.

Él sigue construyendo su Iglesia. Ni siquiera los poderes del infierno prevalecerán contra ella, y nada, absolutamente nada, podrá detenerla.

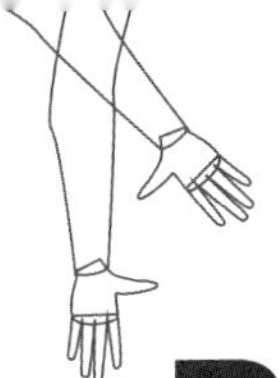

BIBLIOGRAFÍA

Libros

- Banks, Robert. *La idea de comunidad de Pablo*. Hendrickson Publishers, Inc. 1994.

- Beach, Joseph S. *Ordinary Church*. Spello Press. 2019.

- Bonhoeffer, Dietrich. El precio de la gracia. Ediciones Sígueme. 1968.

- Bonhoeffer, Dietrich. *Vida en comunidad*. Ediciones Sígueme. 1982.

- Brown, Raymond E. *Las iglesias que los apóstoles nos dejaron*. Editorial Desclee De Brouwer S.A. 1986.

- Clark, Chap (Editor). *Adoptive Youth Ministry*. Baker Academic. 2016.

- Clark, Chap y Powell, Kara E. *Salvando a una generación de un mundo superficial*. Editorial Vida. 2012.

- Clark, Chap. *Adoptive Church*. Baker Academy. 2018.

- Clark, Chap. *Ministerio Intergeneracional*. Editorial Vida. 2013.

- Comer, John Mark. *How to Un-hurry The Ruthless Elimination of Hurry*. WaterBrooks. 2019.

- Crouch, Andy. *The Tech-Wise Family*. Baker Books. 2017.

- Devries, Mark. *Family-Based Youth ministry*. InterVarsity Press. 1994-2004.

- Foster, Richard. *Casting a Vision: The Past and Future of Spiritual Formation*. Renovaré. 2019.

- Frazee, Randy. *The Connecting Church 2.0: Beyond Small Groups to Authentic Community*. Zondervan. 2012.

- Frost, Michael y Hirsch, Alan. *The Faith of Leap: Embracing a Theology of Risk, Adventure & Courage*. Baker Books. 2011.

- Frost, Michael y Hirsch, Alan. *The Shaping of Things to Come*. Baker Books. 2003-2013.

- Frost, Michael. *Exiles: Living Missionally in a Post-Christian Culture*. Hendrickson Publishers. 2006.

- Frost, Michael. *Incarnate: The Body of Christ in an Age of Disengagement*. InterVarsity Press. 2014.

- Guernsey, Dennis. *New Design for Family Ministry*. David C Cook. 1982.

- Held Evans, Rachel. *Searching for Sunday*. Nelson Books. 2015.

- Hurtado, Larry W. *Destroyer of the gods: Early Christian Distinctiveness in the Roman World*. Baylor University Press. 2017.

- Joiner, Reggie; Ivy, Kristen y Shefchunas, Tom. *When Relationships Matter*. The reThink Group, Inc. 2019.

- Keller, Timothy. *Gospel in Life*. Zondervan. 2010.

- Keller, Timothy. *How to Reach the West Again*. Redeemer City to City. 2020.

- Keller, Timothy. *Iglesia Centrada*. Editorial Vida. 2012.

- Keller, Timothy. *The Prodigal God*. RiverHead Books Penguin Group. 2008.

- Kim, Jay Y. *Analog Church*. InterVarsity Press. 2020.

- Kinamman, David y Matlock, Mark. *Faith for Exiles*. Baker Books. 2019.

- Leys, Lucas. *El mejor líder de la historia*. Editorial Vida. 2012.

- Leys, Lucas. *Liderazgo Generacional*. e625.com. 2017.

- Lohfink, Gerhard. *La iglesia que Jesús quería*. Editorial Desclee De Brouwer S.A. 1986.

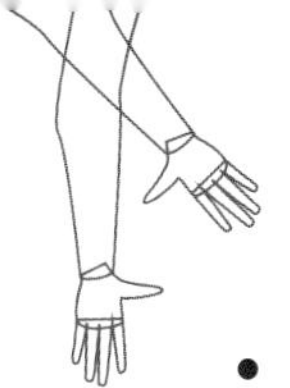

- Manning, Brennan. *The Ragamuffin Gospel*. Multnomah. 1990-2000.

- McKnight, Scot. *A Fellowship of Differents: Showing the World God's Design for Life Together*. Zondervan. 2014.

- Murchison, John. *The Missional Family: Simple ways to live out the gospel in everyday family life*. (eBook). Verge Network.

- Myers, Joseph R. *The Search to Belong*. Zondervan. 2003.

- Narodowski, Mariano. *Un mundo sin adultos*. Penguin Random House. 2016.

- Nouwen, Henri. *The Selfless Way of Christ: Downward Mobility and the Spiritual Life*. Orbis Books. 2011.

- Oestreicher, Mark. *Ministerio Juvenil efectivo 3.0*. Editorial Vida. 2010.

- Ortberg, John. *¿Quién es este hombre?* Editorial Vida. 2013.

- Peterson, Eugene. *The Pastor: A Memoir*. Harper One. 2011.

- Powell, Kara; Mulder, Jake y Griffin, Brad. *Growing Young*. Baker Books. 2016.

- Putman, Robert D. *Bowling Alone: The Collapse and Revival of American Community*. Simon & Schuster Paperbacks. 2001-2020.

- Rohde, Ross. *Viral Jesus*. Charisma House. 2012.

- Sayers, Mark. *Reappering Church*. Moody Publishers. 2019.

- Scazzero, Pete. *The Emotionally Healthy Church*. Zondervan. 2003.

- Smith, C. Christopher y Pattison, John. Slow Church: *Cultivating community in the patient way of Jesus*. InterVarsity Press. 2014.

- Stott, John. *Señales de una iglesia viva*. Editorial Certeza. 2013.

- Turkle, Sherry. *Alone together*. Basic Books. 2017.

- Vaters, Karl. *The Grasshopper Myth: Big Churches, Small Churches and the Small Thinking that Divides Us.* NewSmallChurch.com. 2013.

- Ward, Virginia; Joiner, Reggie y Ivy, Kristen. *It's Personal.* The reThink Group, Inc. 2019.

- Woodward, JR y White, Dan (Jr.). *The Church as Movement: Starting and Sustaining Missional-Incarnational Communities.* InterVarsity Press. 2016.

- Yancey, Philip. *The Jesus I Never Knew.* Zondervan. 1995.

Artículos

- Briggs, J.R. *Becoming a Distributed Church.* https://freshexpressionsus.org/2020/03/23/becoming-a-distributed-church-why-its-worth-the-shift/

- Crouch, Andy. *The Tech-Wise Church.* https://www.regenerationproject.org/video/the-tech-wise-church

- Friesen, John D. *Rituals and Family Strength.* https://directionjournal.org/19/1/rituals-and-family-strength.html

- Hyatt, Michael. *The Leadership Strategy of Jesus.* https://michaelhyatt.com/the-leadership-strategy-of-jesus/

- Keller, Timothy. *The Church as an Unstoppable Force.* Notes from Tim Keller's talk on 9/6/2018.

- Kimball, Dan. *A Church of Many Pastors.* https://outreachmagazine.com/features/13019-a-church-of-many-pastors.html

- McCracken, Brett. *Cool Christianity Is (Still) a Bad Idea.* https://www.thegospelcoalition.org/article/cool-christianity-still-bad-idea/

- Manes, Facundo. *Habilidades para el siglo XXI post COVID-19.* https://blogs.iadb.org/educacion/es/habilidadespostcovid/

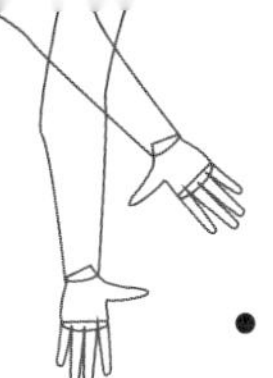

- McCracken, Brett. *Are Churches Losing the Battle to Form Christians?* https://www.thegospelcoalition.org/article/churches-battle-form-christians/

- Morrissette, Jon. *The Relational Church*. Mensaje Lakeside Christian. 8/6/2017.

- Nieuwhof, Carey. *7 New Disruptive Church Trends Every Church Leader Should Watch*. https://careynieuwhof.com/the-original-2020-is-history-7-new-disruptive-church-trends-every-church-leader-should-watch

- Root, Andrew. *The Attack of the Zombies* https://fulleryouthinstitute.org/articles/the-attack-of-the-zombies

- Thacker, Jason; Kim, Jay; Dyer, John y Masson, Julie. *Technology Can't Replace In-person Community*. https://erlc.com/resource-library/spotlight-articles/technology-cant-replace-in-person-community/

- Yancey, Philip. *Small is Large.* https://philipyancey.com/small-is-large

ALGUNAS PREGUNTAS QUE DEBES RESPONDER:

¿QUIÉN ESTÁ DETRÁS DE ESTE LIBRO?

Especialidades 625 es un equipo de pastores y siervos de distintos países, distintas denominaciones, distintos tamaños y estilos de iglesia que amamos a Cristo y a las nuevas generaciones.

e625.com

¿DE QUÉ SE TRATA E625.COM?

Nuestra pasión es ayudar a las familias y a las iglesias en Iberoamérica a encontrar buenos materiales y recursos para el discipulado de las nuevas generaciones y por eso nuestra página web sirve a padres, pastores, maestros y líderes en general los 365 días del año a través de **www.e625.com** con recursos gratis.

zona de contenido
PREMIUM

¿QUÉ ES EL SERVICIO PREMIUM?

Además de reflexiones y materiales cortos gratis, tenemos un servicio de lecciones, series, investigaciones, libros online y recursos audiovisuales para facilitar tu tarea. Tu iglesia puede acceder con una suscripción mensual a este servicio por congregación que les permite a todos los líderes de una iglesia local, descargar materiales para compartir en equipo y hacer las copias necesarias que encuentren pertinentes para las distintas actividades de la congregación o sus familias.

¿PUEDO EQUIPARME CON USTEDES?

Sería un privilegio ayudarte y con ese objetivo existen nuestros eventos y nuestras posibilidades de educación formal. Visita **www.e625.com/Eventos** para enterarte de nuestros seminarios y convocatorias e ingresa a **www.institutoE625.com** para conocer los cursos online que ofrece el Instituto E 6.25

¿QUIERES ACTUALIZACIÓN CONTINUA?

Regístrate ya mismo a los updates de **e625.com** según sea tu arena de trabajo: Niños- Preadolescentes- Adolescentes- Jóvenes.

¡APRENDAMOS JUNTOS!

e625.com   🅵 🅣 🅞 ▶ /**e625**com

INSTITUTO
ESPE
CIALI
DADES
/ InstitutoE625

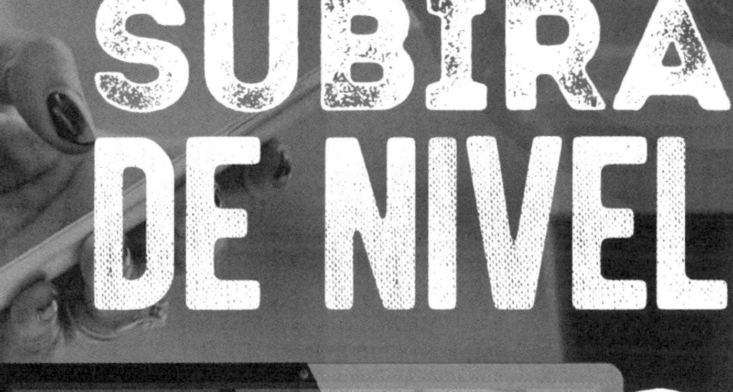

TU MINISTERIO
SUBIRA
DE NIVEL

Instituto e625
DIPLOMADO
en
LiderazGO
Generacional
Programa Completo. Educación ministerial del futuro.
INSCRÍBETE
Nueva Web

PROFESORES EXPERTOS

ACCESIBILIDAD Y
MOVILIDAD

FLEXIBILIDAD Y
PROFUNDIDAD

www.InstitutoE625.com

¡SUSCRIBE A TU MINISTERIO PARA DESCARGAR LOS MEJORES RECURSOS PARA EL DISCIPULADO DE LAS NUEVAS GENERACIONES!

Lecciones, bosquejos, libros, revistas, videos, investigaciones y mucho más

e625.com/premium

Suscripción de
materiales premium
para iglesias

Recursos gratis

Tienda con envíos internacionales

Chat en tiempo real

Revista Líder 6.25

Educación online
www.institutoe625.com

Libros Online

Seminarios para iglesias locales

Eventos de **actualización** ministerial

e625.com
TE AYUDA
TODO EL AÑO